El legado revolucionario de Francia en Cuba

Andar La Habana

José Millet Batista

Ediciones JJF Por los caminos de la Cuba profunda, 2019.
El legado revolucionario de Francia en Cuba. Andar La Habana.
José Millet Batista

El legado revolucionario de Francia en Cuba

… Víctor Hugo es una montaña coronada de nieves, de la que a montones se escapan rayos que recibe del mismo Padre Sol.

…importa poco que se le juzgue con las reglas de la gramática y el cartabón de la retórica: el que es capaz de crear no está obligado a obedecer.

José Martí

A Joel James Figarola (La Habana 1942-Santiago de Cuba 2006) el último descubridor de Cuba.

Por Paul Lafargue 1

La humedad se impregna en la mano de hierro que golpea la puerta de cedro antiguo en anuncio del visitante. El Norte más bien empuja las olas que se levantan en remolino y sobrepasan el muro de piedra y caracolean en el pavimento de la amplia avenida que separa el malecón de la hilera de residencias aparentemente deshabitadas por el silencio que las circunda. El viento, más que neblina, es vibración que lo envuelve todo como un humo que se esparce y aleja dejando en su lugar la luz intensa del trópico. En el pórtico de una casa de habitación se deja ver la mujer negra en sus labores domésticas, espulgando granos en un jibe finamente tejido con fibra de mimbre. Lo que es está en lo que fue, se esforzará en recordar la frase del Apóstol el calesero que aguardará, paciente y ensimismado, en la cochera la salida del amo: la frase según llegó a sus oídos de boca de los tabaqueros de Tampa que escucharon al apasionado tribuno recaudando fondos para la expedición con que iría a liberar a la otra novia compañera de la noche. Voltea la vista para ver el arcoíris que se extiende desde el Muro del Malecón allende el Mar, no sabe con exactitud si en línea recta, pero sabe que rompe la línea del horizonte y golpea el Arco del triunfo donde los franceses inscribieron el nombre del único latinoamericano que participó en la Revolución francesa hasta acumular tanta gloria y tanto mérito como para que se le reconociera de ese modo. Francisco de Miranda se llama el caraqueño hijo de un orillero-- isleño decimos nosotros--, canario de una de las Islas Canarias, por lo cual los mantuanos no le perdonaron nunca la impureza de sangre y mucho menos que enarbolara las ideas revolucionarias emanadas de la Ilustración, del anticlericalismo enfocado en contra del papel inquisitorial de la Iglesia católica, la irreligiosidad casi fronteriza con ateísmo de Voltaire cuyas ideas se regaron por muchas de las colonias francesas en el Caribe y alcanzó a las de la metrópoli hispánica en Nuestra América.

El calesero se mira el color amulatado de la piel de la mano de la que quitado el blanco y fino guante para hojear un libro en cuya cubierta resalta el título escrito en francés: **Les Miserables** y se dice para sí que tiene que alzarse con el premio Víctor Hugo, escritor, novelista e intelectual que es para él uno de los frutos más elevados del deslinde de época establecido por la Francia del siglo de las luces y quien inauguró la literatura de masas, más y mejor que Charles Dickens. El escritor británico quedó apresado en las páginas de la literatura y de los manuales para su enseñanza; Víctor Hugo, en el alma de los pueblos que somos los hispanoamericanos, los latinos, como nos llaman en el Norte y pueblos románticos, como nos calificó Martí murmura como para que los grillos conozcan su determinación. Pero su mayor significación se relaciona con el legado de la Revolución francesa en el mundo y, para el caso que nos ocupa, para Cuba y la región del Caribe donde estamos enclavados no por ero accidente geográfico, como veremos adelante.

Pero en La Habana nadie me conoce, porque soy uno de los pocos orientales que decidió no ser palestino; no moverse del terruño natal, del pedacito de húmeda finca donde quiero verme enterrado y no creo que nadie sepa dónde está San Expedito; ni siquiera por el sistema de localización satelital podrían acceder al sitio Mayagué, donde se estableció el abuelo francés y luego mi padre cuando raptó a mi madre —literalmente la raptó, porque se la llevó en las grupas del buen potro Bermejo sin pedirle permiso a sus padres--; y debo guardar en extremo las reglas establecidas en las bases del concurso que exigen el anonimato. Celebro la voluntad de la Casa Víctor Hugo que preside Deivy Colina Echevarría, …y este texto debe ajustarse a las normas del secretismo, la voluntad de convocar a este concurso enfocado a estimular los estudios e investigaciones acerca de una temática que mantiene toda su vigencia y que es necesario seguir tratando sistemáticamente: la temática de Francia y Cuba. El jurado sabe que Montaigne inauguró el ensayo como el género literario al que hay que concederle todo tipo de licencias, incluido el que un autor no sea realmente una persona viva, sino un espíritu-- como es mi caso--, y también el juego de los tiempos en que la memoria del escritor es capaz de imaginarse las épocas en que una influencia recorre los espacios conocidos y desconocidos: así, Francia es para mí como el fantasma del Manifiesto Racionalista—en lugar del comunista-- que recorre el planeta con la evidencia palpable de que la cultura es una fuerza capaz de transformar el mundo, tanto o más que las armas, que los mismos cañones que las mujeres emplearon en la defensa de la Comuna de París.

No sé si fueron los franceses en persona o los libros los que me enseñaron una regla de oro que podría formularse en el sentido de "la medida antes de que cualquier cosa" y comprobé cómo aquéllos la aplicaron en cada uno los empeños que se impusieron en el pasado y allí en los escenarios, tanto rurales como urbanos, están sus obras como evidencia de ello; pero los latino-americanos somos pueblos de herencia hispánica y, en algunos casos, luso-hispánica o gallego-hispánica, la cual pone una nota de complejidad adicional al racionalismo que nos trajeron los franceses a sus colonias en el Caribe y, por carambola, a la Isla de Cuba. Creo que en la síntesis de esos dos componentes—encaramado en un sustrato o piedra mayor en que están nuestros pueblos originarios y los africanos-- está el neo-barroco que califico de caribeño y que se construyó magistralmente a partir de la prosa de Martí—muy a pesar de que, en mi juventud literaria, lo clasifiqué como modernista—y que fue a drenar ricamente engalanada en la obra ciclópea, descomunal, de José Lezama Lima. París era la brújula que marcó el Norte a la intelectualidad de toda una época, no sólo de un siglo y ante la ciudad luz por la que se desvivió por visitar Julián del Casal, Martí no cayó de rodillas, ni tampoco quedó   fascinado—acríticamente—,aunque   aprendió tempranamente a justipreciar sus aportes a la historia universal, al punto de declarar a Francia como la capital de todos los hombres y, en reconocimiento a su aporte sustantivo a los valores de la nueva Ética—la revolucionaria--, la proclamó como la madre de la Libertad que riega con su sangre los árboles que siembra. Creo que ahí está uno de los electrones principales de mayor peso del núcleo del legado por Francia al Caribe y ese es el tema que interesa aquí subrayar al enfocarme a hilvanar algunos apuntes filológicos e ideas, con la pretensión de que pudiesen ser útiles al establecimiento de la verdad acerca de la referida temática recorrida ampliamente por especialistas que se han esforzado por proporcionarnos repertorios bibliográficos contundentes, como el más completo de todos los que he leído intitulado "De los franceses. Registro bibliográfico en Cuba", de la autora e historiadora Dra. Leonor Amaro Cano, profesora de la Universidad de La Habana, que debería adjuntarse como anexo a todo examen del complejo objeto de lo francés o de los franceses en nuestro país.

Pero en la mayoría de estas colecciones ha faltado la ponderación del aporte de personalidades, entre la que he resaltado aquí al último de nuestros descubridores: al sabio y filósofo Joel James Figarola, cuyo primer esbozo biográfico acabo de concluir y publicar, por los aportes trascendentales al asunto central que nos ocupa. Categóricamente lo establezco como hipótesis central: hay un antes y un después de él, pero él es el punto de balance, el resumen histórico y etno-sociológico ampliado-- y filosófico como elemento novedoso-- en todo tipo estudios e investigaciones que se lleven a cabo para enfocar la temática de Francia y Cuba. Casi todos los estudiosos e investigadores precedentes se quedaron en la exterioridad del impacto de Francia y lo franco-haitiano en la formación de la identidad cultural nuestra; él hizo el veía a la Cuba profunda: la exploración del alma de la cubanía. .

En esa herencia francesa hay una vocación internacionalista que tiene como símbolo al más universal de los latinoamericanos: al caraqueño Miranda antes mencionado. La historiadora Carmen Bohórquez (2) está equivocada en su valoración del peso del Almirante generalísimo Francisco de Miranda en la Habana, donde permaneció tres años, de 1780 a 1783 y de donde salió en una expedición bajo el mando de su protector, el General Cajigal, a la toma de La Florida, entonces en manos de la Corona Inglesa y con ello se concretó su primera participación en la guerra de independencia de las Trece Colonias en poder de los ingleses. A ese asunto militar no pudo haberse reducido aquí la presencia del Generalísimo, quien diseñó la bandera tricolor que ondeó por primera vez en uno de sus navíos en aguas de Haití ya liberado y que izaría por primera vez en Tierra Firme, luego de haber desembarcado en agosto de 1806 por el Puerto Real de La Vela de la ciudad de Coro, dijo el fornido joven mirando al caballo como queriendo que se sumase a sus afirmaciones, al flujo de su pensamiento centrado en el aporte de Francia en Cuba, la temática del concurso en que había decidido participar al llegarle por internet sus bases redactadas en tres idiomas.

No creo que a alguien que trabó combate contra el ejército de España en ese puerto de La Vela de Coro, iniciando la guerra, se le deba llamar precursor de la independencia venezolana, como afirma esa misma investigadora, la historiadora Carmen Bohórquez; eso hay que arreglarlo, además marchó desde allí con sus soldados a la toma de la villa de Coro, que ocupó, instaló su Estado Mayor e hizo publicar la proclama y donde permaneció durante cuatro días con la bandera enhiesta. Miranda fue el iniciador de la independencia de América Latina, inconclusa por la voladura del Maine en La Habana y por el desembarco de los soldados americanos por Santiago de Cuba en 1898. Esa es una tarea pendiente para la mayoría de los países del hemisferio, por lo cual—al decir de Martí— la espada de Bolívar tiene mucho por hacer todavía.

--¡Vaya Usted a saber, amigo¡ volvió el calesero a referirse a la bestia de su coche: creo que hay que recomponer este mapa del Caribe cuyo perfil estamos obligados a conocer mejor; míreme usted a la espera de la esposa de mi amo para llevarla a misa, tan alejado de Cuba—así llamaron a mi ciudad Santiago hasta la segunda mitad del siglo XIX--,donde tengo enterrados a mis ancestros. Me toca averiguar los sitios donde se alojó Miranda en La Habana para dar respuesta a la solicitud de mi amigo Oscarito "El Monstro", investigador talentoso, hijo de los colegas lingüistas santiagueros Vitelio Ruiz y Eloína Miyares, quien ha estado tras de las huellas en Venezuela del Poeta Nacional de Cuba, José María Heredia y Heredia, de quien se dice haber vivido en Coro, luego de que sus padres escaparon de la invasión de Santo Domingo por las tropas haitianas, creo que comandadas por Dessalines y fueron llevados por un ciclón a un puerto venezolano.

Los claros, cálidos y brillantes colores azul, rojo, amarillo, verde limón o manzana de las fachadas de las casas recién pintadas oscurecen, ponen espejuelos oscuros a los tripulantes del barco del que se desconoce si entra a la rada capitalina o anuncia la partida de la ciudad llena de ruidos, de olores y de sabores que mantendrán excitados a los marinos que conservarán en su memoria aquellos relampagueantes tiempos en que se pusieron en contacto con costumbres, ajetreos, vaivenes y andar presuroso, pero a un tiempo cadencioso, como marcado por secretos compases de la gente que camina por el medio de las calles y con conversaciones y léxicos nunca hallados en sitio alguno del planeta y, menos aún, en el resto de las naciones que hablan el castellano de América. Como buenos piratas, experimentados corsarios de la Isla del Tesoro, bucaneros con garfios y sellos reales que los autoriza a asaltar navíos hispanos en la aguas del Mare Nostrum americano, calculaban, sabían la hora en que las bodegas estarán repletas del oro y la plata extraídos del Perú o de México por las ratas del paraíso que llamaron El Dorado. Todo se atesoraba, se iba uniendo hasta formar un amasijo de cosas cuyo perfil se desfiguraba hasta confundirse unas con otras; al final, las sombras lo invadían todo y ya el almacén al pie del puerto habrá dejado de ser el espacio que contenía todos los bienes que pronto se dispondrán a partir hacia destinos lejanos, sea hacia el Occidente o hacia el Norte, según avance el tiempo en nuestro reloj de arena o de sol. La cantidad no importaba, lo importante era aquella acumulación aparentemente desordenada que luego las manos expertas la mente particular que empezó a emerger, se encargarían de clasificar y a organizar y a colocar donde debía, para ir a marchar a su destino. Y todo aquel amasijo de cosas al que se sumaban los recuerdos, llevado al modo en que se conduce el hilo de las ,como las palabras del texto o del discurso, se convirtió en el edificio difícil de separar del cuadro clásico marcado por la figuración exacta, el desdibujo del objeto captado por la pupila o las manchas de color el puntillismo de las ilusiones o el latir del caballo en que se sentía estar ensillado cabalgando en cada instante al que no se le ordenaría detenerse hasta exhalar definitivamente el último aliento. Un adolecente hace el paseo en apariencia ingenuo por la plantación de azúcar donde observa un negro colgado de un ceibo que le provoca el juramento de lavar la infame mancha de la esclavitud, alejarse de la opresión y así nace, brota del arroyo, el librepensamiento, enemigo jurado del Dictador, la libertad que prendió el fuego inextinguible del cambio permanente el soldado de a pie en disposición de caer en el combate si fuese preciso sin mirar nunca atrás. La emoción colocada en cada paso y, delante, el largo camino por recorrer con los camaradas de siempre. Al final sabía que no habría conclusión, que todo quedaría suspendido como un péndulo en el vacío y las manecillas del tiempo seguirían su curso imperturbable: *pensar de otro modo, volver a sentir la realidad* que tenía su expresión más acabada en el estilo de vida que se abriría paso y terminaría por predominar. Había nacido el neo-barroco y con él un tipo social nuevo: uno distinto radicalmente, sino opuesto al español, quiero decir, la sociedad de la emoción con predominio del sentimiento pero distinta a la el romanticismo europeo, porque estaba anclada en el pensamiento libertario. La idea de que el mundo siempre estuvo dividido entre hombres libres y esclavos le dijeron al calesero que estaba en el **Diccionario filosófico** de un temible pensador francés a quien le decían Fosforito, por haber dinamitado las ideas en que se fundó el Ancien Regime: el absolutismo en que se fundamenta la monarquía el dogma que sirve de pedestal a la creencia religiosa y a la Iglesia Católica. Lo amparan las luces de un siglo que había levantado las banderas de la Libertad, la razón y la ciencia ante las cuales todo debía ser sometido a examen. Pero antes que saber quién era Voltaire la noticia de que Napoleón había invadido a España corrió como gasolina encendida a lo largo y ancho de la isla.

--No sé por qué calificar de afrancesada a una persona, como vi a un distinguido escritor y polígrafo que aguijoneaba con esa vaina como descalificando a Alejo Carpentier en un congreso de la UNEAC donde participé en el Hotel Habana Libre; entendí lo del Xarapico—mote auto dado por mi querido amigo-- porque esa era su forma de ser iconoclasta donde quiera que se encontrase, para romper con la seriedad que nos quisieron imponer durante mucho tiempo y, en efecto, los cubanos nos burlamos de todo, del "enseriamiento" en que nos pretendan encerrar, de la muerte y hasta de nosotros mismos: somos irreverentes y esa herencia hay que buscarla en diversas fuentes que intervinieron en la formación de nuestra identidad entre ella la que no vinieron e Francia. Pero Feióo era extremadamente culto y de Cienfuegos, ciudad fundada por los franceses, continuó discurriendo el calesero, mientras veía alejarse a su ama rumbo a la iglesia, escoltada por dos elegantes mulatas, encantadoras damas de compañía a quienes se les permitía usar chal y tenderle la alfombra a su señora una vez pisase el atrio de la iglesia.

-- Es ignorancia, pareció que le respondían desde la elegante calesa; si tú le preguntas a cualquier cubano, incluso a profesionales, cuál es la segunda lengua hablada en Cuba se quedan en una sola pieza, en Babia: porque sencillamente no saben. De ahí que debamos sentirnos enorgullecidos de que José María Heredia y Heredia, nacido en 1803 "Donde son más altas las palmas en Cuba nació Heredia: en la infatigable Santiago" sea no sólo uno de los poetas más importantes de la lengua castellana, sino el primer poeta romántico de América, iniciador de un movimiento cultural que se extendió por toda la isla y que atravesó el Mar Caribe hasta llegar a varios países del continente y más allá de él.

A menudo pasamos por alto cómo circulan las ideas los canales ocultos, no escritos por el que llegan a los oídos de los oprimidos. Ejemplifico: los cubanos cuando todavía no habían encontrado su expresión en la literatura que no fuera resistencia activa, rebeldía y conspiración abrazaron en secreto las ideas libertarias: existía una literatura de tertulia que iba de casa en casa que no ha sido estudiada en los manuales de historia de la literatura por los que en enseñan y estudiaron nuestros hijos. De un extremo a otro de la Isla la gente repetía los versos de Heredia; su Himno del desterrado se convirtió en nuestro Himno Nacional antes de que las mujeres cantaran los versos de Perucho Figueredo en medio del incendio con que los ciudadanos, y los rebeldes armados mambises que la habían liberado, prefirieron en octubre de 1868 ver a Bayamo arder en las llamas antes que verla caer nuevamente en manos de los españoles. En ese acto de excepcional romanticismo veo la poesía de la Toma de la Bastilla y de la Comuna de País, poco más de un siglo después de que el pueblo francés protagonizara aquella hazaña.

Leamos, escuchemos los versos de Heredia y aprendamos de sus resonancia como golpes de badajo en la chapana de redención de los cubanos.

Aunque viles traidores le sirvan,

del tirano es inútil la saña,

que no en vano entre Cuba y España

tiende inmenso sus olas el mar.

Siento un impulso por referirles a las alegres y chispeantes damas las angustias que me asistieron al leer a algunos contemporáneos míos acusar de traidor al Cantor del Niágara cando solicitó al Gobernador Tacón permitirle regresar a Cuba para ir a ver a su madre en sus postreros días de convalecencia; parecidos denigrantes epítetos les han sido colgados a personalidades a quienes admiro y reverencio con el mayor de los respetos, como es el caso del Generalísimo Francisco de Miranda. Degrada a quien descalifica y de paso afecta a todo el mundo; dice Martí en un discurso que "el divino cubano" Heredia se estremeció cuando "Oyó decir de Bolívar, que se echó a llorar cuando entraba triunfante en Caracas, y vio que salían a recibirlo las caraqueñas vestidas de blanco, con coronas de flores." No podía haberse sentido más conmovido quien primero supo interpretar el sentimiento de Libertad de un pueblo oprimido y a quien se le considera con justicia el primero en cantarle a nuestra independencia como pueblo oprimido por un Imperio del que habíamos comenzado a luchar desde que el primer soldado español, perdón castellano, pisó nuestra tierra habitada por los pueblos originarios.

Desde –en-- La Habana se estaba en el Caribe; al Caribe se lo vivía plenamente, pero al principio sin conciencia de pertenencia, sino más bien a través de los sentidos que de la conciencia, de dejarse acariciar por los efluvios del trópico, de la música del viento, del comer y, desde entonces, el andar La Habana sería un andar en el Tiempo: recorrer la deliciosa aventura de disfrutarla e irla descubriendo poco a poco, como que adquiriendo la sensibilidad de la pertenencia a esa subregión que se transitaba una y otra vez sin conciencia clara de la identidad caribeña que se iba logrando. Andar La Habana ha sido, ha consistido en, recorrer el largo camino de la súbita iluminación: al principio era como si la Naturaleza hubiese estado siempre ahí y nosotros dentro de ella, sin rostros claros de lo que éramos: aspirando el perfume del jardín de los encantos, degustando los frutos del Edén y estremeciéndonos ante cada salida del Sol y dejándonos llevar por el dulce canto de los pájaros que duermen en la ceiba y sueñan que estuvieron construyendo la esperanza que algún día habría de coronar tantas sangres que se encontraron aquí, las sangres cobrizas con las caucásicas, las africanas, las rojas, las amarillas, en resumen a costa del sacrificios de tantos hijos de estas tierras, como de enseños, románticas y a la vez violentas...

--Es ignorancia supina la de una gran mayoría de personas desconocer lo de la segunda lengua hablada en la isla porque en Cuba—te decía que así se le llamaba a Santiago—hasta la segunda mitad del siglo XIX se hablaban dos lenguas simultáneamente: la castellana y la francesa. Y ya has probado fehacientemente cómo hablamos los santiagueros de distinto de los habaneros, lo cual debemos al impacto de la lengua francesa en nuestra lengua castellana americana. El profesor, que era una eminencia, uno de los eruditos más sólidamente asentados de Cuba y del Caribe, nos refería que la supresión o atenuación de la letra consonante ese en el interior y final de las palabras era una evidencia muy elocuente de ese impacto galo en nuestra habla. Esto lo han referido muy bien los historiadores de la época, algunos santiagueros y los viajeros que visitaron la ciudad, como el criollo franco-santiaguero Hippolyte Piron, por ejemplo, quien dejó un testimonio elocuente de la práctica del sistema religioso voduista en la ciudad oriental donde había nacido. El estudioso que mejor y más exhaustivamente ha investigado y documentado la inmigración francesa y franco-haitiana a Cuba es el Dr. Alain Yacou, cuya tesis de doctorado de tercer grado traje de su natal isla de Guadalupe, donde participé, nto con el historiador Ramón de Armas Delamarter-Scott, en el Coloquio Cuba et les Antilles organizado por la Université Antilles-Guayanne y la deposité en la Biblioteca nacional José Martí, pero, al parecer, muchos la han usado y pocos la citan por las referencias bibliográficas que observo en lo que llevo leído de quienes se han ocupado de la presencia francesa en Cuba.

No disminuyo con este reconocimiento a ningún investigador esforzado por adentrarse en estas cuestiones tan complejas como las que se relacionan con la génesis de nuestro pueblo cubano, pero en el presente diálogo iremos mencionándolos para no hacer demasiado cargante a nuestros interlocutores la exposición. Como abrebocas diremos que no sólo el francés y el criollo haitiano se sitúan estadísticamente en lo lingüístico como las lenguas más habladas en la Isla sino que han sido Francia, la cultura francesa y la espiritualidad francesa y franco-haitiana, los componentes más importantes que han contribuido y formado parte del proceso de formación del sentimiento de pertenecía al terruño originario donde el criollo comenzó a sentir amor por la tierra donde había nacido; el sentimiento de pertenencia el sentir como grupo social-- y al principio comunidad étnica y luego nacional distinta y luego opuesta a la española-- y con ello se sentaron los fundamentos para la formación de una identidad cultural propia que es el sustento de nuestra actual cubanía.

El calesero dejó al ama en su palacio y acompañó a sus dos mulatas de compañía a un teatro en el que debían hacer gestiones encomendadas por sus señores. En una parada intermedia que ellas le ordenaron, les preguntó con la galantería característica a los afrocubanos de origen francés:

--¿Han leído la novela Cecilia Valdés?

-- Sí, no nos sentimos representadas en esa mulata que es más bien un dechado de lujuria y falsos encantos para engatusar a señoritos incautos, reaccionó con firmeza la más joven. Creo que es más un drama romántico cercano a un ambiente de cortes reales que a la realidad cotidiana que vivimos las mujeres negras del servicio doméstico en las Antillas.

--Reflejo tardío de una moda de Europa que llamaron romanticismo que exalta todo por encima de la religión, pero sin las ideas que hay en las novelas y los dramas de Víctor Hugo, creí que me decían desde algún sitio que no alcancé a precisar. La diferencia es que en la novelística de Víctor Hugo (1802-1882) se discute de ideas esenciales, las suyas son novela política más allá del romántico al que se le vincula: **Los miserables** son el cuadro más impactante de la sociedad burguesa acerca de la cual los personajes discuten y expresan opiniones, no sólo la sufren y la viven. Es el nuevo Don Quijote de la Mancha que marca el nacimiento de otra época

Alegué que era la primera vez que se hacía un acercamiento al alma de nosotros llamados los criollos pardos para diferenciarnos de los hispanos, diferentes a los "blancos" criollos indianos o nacidos en estas supuestas Indias, al mostrar nuestro modo de comportamiento y de relacionarnos con los semejantes. Y ella e replicó que Cecilia era una mala caricatura de lo que era realmente la mulata que nació del seno de los españoles con las negras, sobre todo las de la dotación doméstica de las casas señoriales.

--En lo que sí acertó el escritor Cirilo Villaverde en la novela fue en pintar a Cándido Gamboa como lo que son esos desalmados negreros.

Mis tesis sobre Francia, su revolución, la cultura y nuestra historia.

Al principio fue el establecimiento súbito en la tierra adonde fueron trasladándose todo lo relacionado con la administración el aparato burocrático con que España mantenía las villas que se fueron fundando a lo largo y ancho de la Isla era como si se trasladase de lugar la maquinaria de control, pero lo que se provocó fue la partición de un todo que nunca logró a alcanzarse si no con dos hechos conectados por debajo de la corriente de la Historia: con la invasión de Oriente a Occidente durante la guerra por la independencia,de 1868 a 1898 y con la invasión de Oriente a Occidente en la barba del Ejército Rebelde con varias de las columnas en que se había devenido convertido la guerrilla de la Sierra Maestra bajo el mando de Fiel Castro, de 1956 a 1959.

1.- Francia es el mensaje revolucionario: como Faro Mundial de lumiére eternel: la idea como antorcha revolucionaria. La idea logra convertirse en motor e trasformación de una realidad, sea material o intangible, cando la toman en sus mentes quienes la necesitan. Francia se convirtió por sí misma en el tsunami mundial que rebasó geografías físicas, derribó muros- sobre todo mentales e intelectuales impuestos por los propios hombres y remarcado por las instituciones inquisitoriales-- atravesó fronteras y llegó adonde nunca el hombre había llegado: al corazón y al alma del ser humano.

2.-Pero el aporte sustantivo más importante de Francia, y de la cultura francesa en el Caribe, consistió en la producción de una plusvalía especial: la plusvalía espiritual que partiría la historia de la Humanidad en estos dos milenios y permitiría que Francia se adentrara y estuviera presente en los palenques cumbes y rochelas aun cuando no se pronunciase el nombre de Robespierre, de Marat, de Napoléon ni de los estrategas y líderes creadores de la República de Haití, como Tossaint Louvertures, Dessalines y Henri Cristophe. Haití y haitianos se convirtieron en palabras prohibidas, que había que desterrar de la mente y no pronunciar nunca so pena de ser azotado o sometido al más bárbaro castigo o liquidado físicamente.

3.- Una de las capacidades inagotables del imaginario colectivo de los pueblos ha consistido en integrar a lo arao a figuras que han devenido símbolos o que sembraron los fundamentos de la identidad de un grupo de una comunidad y aun de un pueblo. Conocemos que Shangó fue un rey perfectamente establecido por la historia e integró el panteón de los pueblos yoruba de Nigeria y del antiguo Reino del Dahomey, fue trasladado a los pueblos del Caribe y es una de las identidades espirituales más importantes de la mundialmente famosa santería cubana o Regla de Ocha,del culto a Shangó en la Isla de Trinidad, de la cosmogonía espiritual del vodú en Haití, en República Dominicana, en Cuba y en los países adonde ha llegado y se establecido la diáspora caribeña, como en Venezuela, en Puerto Rico, los USA y en Canadá…Así en el nacimiento de los héroes está presente la espiritualidad.

4.-En el siglo XVII la arquitectura era vista como parte de las matemáticas, se necesitaba romper con el diseño tradicional de una ciudad para ceder paso a un concepto distinto alejado el dispuesto por el timorato orden colonial español. Del arsenal del incendio de la Revolución francesa emergerán ideas que irán tejiendo una telaraña detrás de la que se que amparará el surgimiento de una ciudad que se convertirá, poco a poco, en la capital de un Imperio mayor que irá de un extremo a otro del mundo hispano conocido. Aparecerá el concepto contemporáneo de otra Metrópoli, opuesta a la que oprime a lo criollo y a la clase terrateniente local anclada en el azúcar, con el monopolio del comercio y el aplastante poder de la burocracia apoyada en el oneroso andamiaje de la Iglesia Católica: surge la idea de la capital cultural del Caribe y La Habana se convertirá en la llave antemural de la Indias Occidentales. Por más que intenten atarla, de llenarla de cadenas ideológicas y los poderes retrógrados de la época quieran sepultarla.... una y otra vez emergerá desde lo profundo del océano hasta imponerse como lo que será: la ciudad herencia principal de las luces, de la cual se abrirán paso los talentos y las personalidades más encumbradas de entonces.La Habana es una voluntad que desafía y se impone a lo eventual o catastrófico de la Naturaleza: a terremotos frecuentes, a huracanas y a todas las calamidades de salud, como la peste, la fiebre amarilla y o el vómito negro.

5.- El propio poder del Tiempo deviene en el Tiempo de la construcción y, las columnas de una Catedral viva, se elevan al cielo para desafiar la ira del mismísimo dios. Cambiaría la idea de lo que es el arquitecto. La Habana: símbolo icónico de lo que debía ser una ciudad representativa del Nuevo Mundo: si La Habana sobrevivía a los desastres del hombre con su intolerancia, racismo, exclusión de los humildes, condena al pensamiento de los disidentes y de los desgobiernos que se turnaron el bastón de mando…Cuba sobreviviría y, al final, sobrevivió.

6.- La Habana: El fénix del Nuevo Mundo. La Habana desafía al furor permanente de la Naturaleza, al interés y goce de dioses de "indios," de blancos, de negros, de mestizos, de mulatos, de asiáticos y a los desafíos de los hombres con intento de acabar hundiendo el planeta con la agresión a la biosfera mediante el uso indiscriminado del motor de combustión interna que emite toneladas de CO_2 a la atmósfera.

7.- La Habana presagió a París y a New York sin que los franceses ni los americanos tuviesen un atisbo de premonición para imaginárselo que las superaría en un punto: en el idealismo sostenido, expresado en valores humanos y en los mismos principios de igualdad, de fraternidad y de libertad que se levantaron en Francia a partir de 1789 y que se convirtieron en cuerpo libertario en Haití.

8.- Más allá de la política y de las ideologías en boga, existe un Imperio cultural que va más allá de la sociedad global que sostienen las modernas tecnologías y las transnacionales de la información, creadoras del mundo virtual -- y tiene centro en el trío Los Matamoros en Santiago de Cuba con el son montuno, al Benny Moré con el bolero en su natal Santa Isabel de las Lajas, cercana a la francesa Cienfuegos y a la salsa de los Van-Van en la capital de Cuba, por París y New York son, en realidad la capital de los cubanos…Celia Cruz lo demostró suficientemente, por si alguien duda de nuestra afirmación: recorrió casi todos los géneros populares de la música cubana con gran versatilidad y arte creador, aun cuando la mediática la haya encasillado en la modalidad comercial de la salsa, la cual es para mí fruto del reflujo dela diáspora cubana,   no es producto genuinamente cubano cristalizado en Cuba, sino un complejo músico-danzario fruto de la confluencia multicultural de cubanos con boricuas, dominicanos y del intercambio cultural de caribeños y latinos en los USA. Esa es la metrópoli cultural que resumo en La Habana: lo demás no es monte y culebra, ni periferia, sino complejo núcleo de electrones que forman parte de un mismo y único universo que nadie ni nada— porque los dioses lo han unido-- lo puede fraccionar so pena de estar atentando contra nuestro soberanía nacional.

9.-París en Francia, La Habana en el Nuevo Mundo: en ella se dieron cita las culturas y las civilizaciones del planeta sin haber llegado nunca a un punto de partida y tampoco de acuerdo. En ese espacio convivieron a lo largo de medio milenio y a ella se irían añadiendo nuevas creencias, ideas y filosofías que siguieron integrándose en una espiral que permaneció desde entonces al presente como un templo,que es a la vez tiempo físico y templo simbólico para toda la Humanidad. En él han convivido-- sin haber ido nunca a la guerra-- primero "moros y cristianos"—negros africanos esclavizados (musulmanes) y católicos- a quienes se irían añadiendo la subterránea procesión interminable de creencias y prácticas milenarias traídas de la China, de Yucatán, hinduitas y judíos.

10.-Las antorchas encendidas han pasado de mano en mano de cada una de las personalidades de la historia y que la cultura hará que se mantenga encendido como el fuego sagrado que desafió todo para ser lo que es.

11.-No hay síntesis sin entusiasmo ni de alegría y voluntad de integrar en espacio los elementos más diversos de la Naturaleza, de la sociedad y de lo más auténtico de la criatura humana. La Habana es la fuerza centrípeta capaz de hacer coincidir en un centro-- en su seno maternal-- lo más inverosímil: el temperamento emotivo que predomina en el campo oriental con la Ranchera mexicana,Las alturas de Simpson, el bolero de Matanzas y el son montuno que se abre paso desde el corazón de Oriente en la llanura de El Cauto y de los tríos de Santiago de Cuba con los Matamoros y del genial autor la telenovela "El derecho de nacer" , de Félix B. Caignet, con los aires rítmicos de El Caney, pasando por los Beatles con un parque de John Lennon, hasta el hip hop y el reguetón.

12.-Como veremos más adelante, el aporte sustantivo de la Ilustración y la Enciclopedia consistió en mostrar el valor de la idea frente al orden capitalista; se trataba no sólo de mostrar músculos en el ejercicio del pensamiento contra el poder absolutista de la Iglesia católica que había sabido perseguir, juzgar y condenar y llevar a la hoguera, decapitar a los pensadores y filósofos o científico disidentes de su cosmogonía durante varios siglos de dominio ideológico. El valor de la revolución francesa fue precedido por la revolución en el orden de las ideas, del pensamiento liberador y de la ciencias levantado por el pensamiento revolución de la Ilustración y del enciclopedismo; fue haberse apoyado en este andamiaje o superestructura filosófica y científica enfrentada al orden feudal, es decir, al sistema económico- social feudal que aherrojaba a los trabajadores de la tierra a la gleba, convirtiéndolos en siervos del señor feudal dueño de sus medios de producción—de la tierra en primer lugar-- y del orden monárquico que se había erigido levantado en base a la opresión feudal y a un tiempo esclavista.

13.-La revolución francesa fue el gran tsunami que desafió las geografías, atravesó océanos y derribó barreras para adentrarse en Tierra Firme—en varios continentes— luego de sobrevolar islas y archipiélagos. Sobre montando la ola de una clase social—la burguesa—opuesta a la feudal, provocó el milagro de alinear a estamentos de la sociedad feudal y, en el caso de las colonias, de la sociedad esclavista, en contra de un orden que terminaría saltando en pedazos tanto en la Vieja Europa como en algunas de sus posesiones coloniales del Nuevo Mundo y en otras latitudes del planeta. Y se instaló en la mente de grupos y sectores sociales que habían comenzado a pensar de modo diferente a como se lo habían enseñado por diversas vías, medios y modos, como el de las escuelas en el sistema educativo formal europeo. En principio partió de, pero no se la puede reducir a, lo meramente intelectual, sino más en la praxis histórica: en lo demostrativo y axiológico para sectores sociales analfabetos, "incultos" o iletrados, en los que se enseñorearon ideas que jamás les habrían podido pasar por la mente, porque el sistema de dominio amo - esclavo se lo impedía.

14.-Por primera vez en la historia de la Humanidad, se demostró el valor de la idea como poder transformador de la realidad. El motor que propulsa la historia es la lucha de clases, pero quienes integran cada clase social se enfrentan por intereses encontrados y opuestos que no son razón suficiente para que una lucha frontal social o política se trueque en ocasiones a muerte. El motor necesita que la máquina de la organización que la hará girar en la dirección en que n grupo le interesan orientarla… La lucha no es razón suficiente per se hasta que la idea alcanza a la gente que la hace suya y se esfuerza entonces en hallar el medio para realizarla y entonces se convierte en fuerza transformadora de la realidad, sea material, económica, social o política o lo más difícil: mental.

15.-Una de la máximas virtudes de Francia-- a partir de entonces-- es el de haber sabido abrir la conciencia de la necesidad de la exposición y debate de ideas, frente al cual nada podría ser considerado sagrado, ni siquiera los valores en que se fundamentó la propia sociedad feudal y mucho menos la burguesa capitalista. Desde allí al asalto de las ideas que cuestionaran el sistema capitalista no habría más que un paso y ese pasó lo darían algunos pensadores económicos—Adam Smith, Ricardo Owen-- para sembrar con sus obras el terreno para la aparecieron de dos filósofos a cuyo cargo estaría dinamitar las ciencias sociales de su época con la elaboración de una nueva teoría de la historia y de la sociedad. Esos dos intelectuales y estudiosos fueron amigos inseparables hasta la muerte y se nombraron Carlos Marx y Federico Engels. Demostraron con sus obras y la praxis política que las ideas pueden transformar el mundo aun cuando, en una de sus Tesis sobre Feuerbach, hayan escrito que los filósofos se han encargado—hasta aquí de interpretar el mundo, pero de lo que se trata es de transformarlo.

16.-Francia demostró que la vieja partera de la historia—la violencia-- podía vestirse de mujer—la Libertad-- y ocupar el trono de la reina. Asimismo en este juego de cartas de la historia, el machete o el fusil ocuparían el sitio honorable del Rey, del señor feudal o del amo capitalista.

17.- Francia y el nacimiento de un Nuevo Mundo, distinto al capitalista propio del que sustituye en Inglaterra con la revolución industrial.

18.-Francia y la emergencia de otra espiritualidad: la que devela y revela otra naturaleza del Hombre, más cercana al cultivo el cuerpo y el espíritu en la multi-dimensión de la vida (más) humana. El ser humano es ser físico y es Espíritu.

19.-Francia y la nueva sensibilidad: el hombre natural el hombre libre de deseos la pasión. El Romanticismo. Los pueblos románticos de Martí.

20.- Francia y La Habana: la paz de las musas.

Haití

El impacto fundamental recayó en el grupo social de los afro descendientes (negros y mulatos ¿mestizos?) libres y libertos. Aponte en La Habana (1805). Joao e Aguiar en Recife.

21.- La Habana surgió a la vida pública en 1519 sin dejar detrás el comienzo de una historia con eventos, circunstancias, tipos sociales, personalidades y rostros anónimos que se relacionan con el Fuerte Natividad de Baracoa, su destrucción por la población originaria, Diego Velásquez Haití, el Primer rebelde de América, el cacique taino haitiano Hatuey su quema vivo en la hoguera de Yara, Santiago de Cuba: escenario de la pugna del Adelantado Diego Velásquez con Hernán Cortés por su furtiva expedición a la Conquista del Imperio Azteca. Hablar de La Habana es hablar de Cuba y de la construcción de su patrimonio esencial de símbolos que se gestan y se inscriben en un mapa que es la memoria viva, el espejo de lo que somos que está en lo que empezamos a ser—y llegamos a ser-- desde aquel inicio, en suma, del proceso inicial de la Conquista y colonización hispano-europea.

22.-Frente al superior poderío tecnológico de soldados con armas de fuego, corazas aceradas, ballestas, se levantó el arrojo, la valentía sin límites, de los aborígenes con sus tácticas guerrilleras macanas arco y flecha. No del mar, sino del furor rebelde del Caribe se produjo la emergencia de un solo pueblo que se fue abriendo paso desde Maisí hasta extenderse, vibrar con el sentido de pertenencia del sentimiento al terruño donde se nació, lentamente extendido por toda la geografía física de la Isla hasta alcanzar la Sierra de los Órganos y el golfo de Guahanacabibe.

23.-Por las venas de ese pueblo han fluido corrientes diversas, sangres amalgamadas de indios apalencados, de castellanos, andaluces, africanos, siervos escriturados, asiáticos, yucatecos, gallegos, catalanes, alemanes, europeos, ADN que nunca serán identificados, quienes al inicio chocan, se encuentran y se fusionan convirtiéndose en el cofre mejor apreciado por todos, en la herencia histórica y espiritual donde Francia y lo franco-haitiano se expresan con voz sonora y propia que hace poco, relativamente poco, ha hallado la fortuna de ser escuchada. Nos dice que la *cubanía* se completó—cinceló el broche de oro, lo que nos distinguió hasta hoy en el conjunto de pueblos con que compartimos historia y espiritualidad—nos lo aportó la savia de uno de estos afluentes "milagrosos" de las guerras de rapiñas que fue en el pasado el Caribe.

--¡Esta es la Habana, madame: la síntesis del Nuevo Mundo, dijo Antonmarchí, cuyo apellido evoca al del famoso galeno Francesco, a quien se atribuye haber sido el médico de cabecera del emperador Napoleón Bonaparte. Muestra el joven una sonrisa de confianza cuando lanza esta expresión a la *turista*, palabra que en cubano tiene la acepción única de *extranjera* mientras señala distraídamente con un dedo hacia El Morro.

Muchas aventuras se le cargan a mi ancestro familiar, de vuelta de Santa Elena a Santiago de Cuba donde finalmente fue enterrado en el cementerio de Santa Ifigenia, medita el espigado y fino mulato mientras pedaleaba en el bici-taxi en que pasea a la turista madame Martha Blanquier de la Luisiana alrededor de la Plaza Mayor adonde se han dirigido y se detiene ante un descomunal árbol para pedirle que le den las tres vueltas al tronco que marca la tradición y le advierte que en algún momento le explicará el significado esotérico que envuelve el ritual que honra el nacimiento de algo tan raigalmente adentrado en la conciencia de un pueblo al punto que cualquier cubano que te encuentres por el mundo te dice que es *habanero*, sin importarle que haya nacido en la Cochinchina. Luego la lleva ante un vendedor de libros usados apostado a la reja que rodea el parque, frente al cual dicen que está la Oficina del Historiador de la Ciudad o, en todo caso, alguna de sus dependencias. Este señor merece el respeto de los respetos: no dejó caer La Habana la convirtió en una mujer viva que nos perfuma con todos sus encantos y cuando se había acabado el dinero del arca de

Papá Noel demostró que con los museos podían producirse los recursos necesarios y lo perentorio: sacar de ellos la plata para seguir rescatando lo que de otro modo se hubiera perdido. ¡Al carrizo esa vaina del culto a la personalidad: ¡ ya yo le construí en mi corazón la estatua que agradece su aporte al rescate de la patria en momento impostergable en que no había para adonde agarrar¡¡

--Este Eusebio Leal sin título nobiliario que lo acrediten, le sugiere comprar este libro **El vodú en Cuba**,se redujo a decir el improvisado guía turístico como quien estuviese infinitamente alejado ajeno distante de los relatos que comentaría de la saga de La Habana francesa o afrancesada en la que ambos estaban y se sentían involucrados.

-- Cómprelo, señora, este libro obtuvo el premio que otorga cada año el Ministerio de cultura de Cuba a la obra más destacada en la investigación científica en lo socio-cultural, se apresuró a decir en perfecto inglés la chica que acompañaba al vendedor quien le pidió a ésta su compañera que hablara en francés que era lo que la turista y el *bicitaxista* estaban hablando. Él aclaró en tono humorístico que él no era un *merolico*, sino un vendedor autorizado, con patente de *cuentapropista* que podía mostrar a cualquiera. Y nos muestra unos papeles sellados.

--Y esta es la edición príncipe original hecha en 1992 por la Universidad Autónoma de Santo Domingo. La edición cubana de 1998 de la Editorial Oriente omitió las fotos que tiene ésta lo interrumpió ella al vendedor cuentapropista ahora hablando en francés con el ejemplar del libro en la mano para mostrar los detalles de una y otra edición..

Madame Martha Blanquier se presentó a la pareja que resultó ser un matrimonio de Cienfuegos y eso la entusiasmó a preguntarle qué sabían del aporte de Francia la gente común, como los habaneros de a pie. Ambos entonaron a dúo

La Marsellesa en actitud de total relajamiento y en actitud marcial, pero sonriendo, hicieron como si marchasen al combate. Hablaron del cine francés que cautivó a todo el pueblo cubano en particular de la película El samurái, interpretada por Alain Delon, la que terminó por convertir al actor francés en un ídolo no sólo para los cinéfilos, sino para muchos sectores de la sociedad, incluidos a los jóvenes. Las tribulaciones de un chino en China emularon con el estrellato de Holliwood y junto al cine italiano, que también tanto nos gustó, nos demostraron que había actores como Jean Paul Belmondo con excelencias comparables a los mejores actores del star system, de los americanos. La máquina, el cine comercial, se estremeció con esta opción que tuvimos los cubanos en los 60 y 70 en la cual el cine francés aportó mucho en opción y enriquecimiento artístico y cultural, incluso en entrenamiento onriente, como en el caso del actor humorístico Luis de Fume, el comisario que lucha a brazo partido incluso contra Fantomas…

El vendedor cuentapropista tercia en la conversación alegando que hay magníficos historiadores cubanos que han tratado la temática de Haití, como José Luciano Franco, Pedro Deschamps Chapeaux y, en su natal ciudad natal cienfueguera, también los ha habido y los hay, como Violeta Rovira entre otros no menos importantes. Y muestra ejemplares de algunos de sus libros. Su esposa se dirige a la turista:

--¿Ud. habla español? No sé por qué no han traducido este libro al francés para que puedan leerlo los haitianos que viven no sólo en Oriente, sino también ya aquí y se tome o imparta como libro de texto o de estudio a los estudiantes de la Alianza Francesa donde yo estudié, que está repartida por muchas partes de Cuba, tengo entendido.

__El interés es que se trata del primer libro que ofrece la etnografía de la emigración haitiana soportada por muchos años de investigación de campo en las comunidades haitianas, creadoras y auténticas portadoras de las tradiciones, del patrimonio intangible que trajeron los inmigrantes franceses y franco-haitianos a la mayor de las Antillas, dice Antonarchí. Ni los mejores estudiosos extranjeros ni nacionales lo habían logrado antes y observe que a Don Fernando Ortiz se le considera el Padre de la Antropología en el Caribe; sólo el santiaguero Rómulo Lachaitañeré había señalado la existencia del vodú en su ciudad natal y creo que algún que otro viajero que yo creía extranjero dejó el testimonio de la realización de una ceremonia voduista en la ciudad santiaguera. Hay que acabar de establecer que se trata del descubrimiento de un nuevo sistema religioso y este descubrimiento científico se inscribe en la historia de los estudios etno-sociológicos más importantes de Cuba y del Caribe, aunque sus protagonistas, sus autores, por modestia para mí infundada, no lo hayan pregonado ni lo hayan hecho valer oportunamente*.

Luego que la turista pagara a los vendedores los libros que había seleccionado monta en la bicicleta y se despide con el deseo de que sigan promoviendo la cultura francesa entre sus paisanos. Cuando se estacionan en el sitio que han convenido, el bicitaxero le agradece haber comprado **El vodú en Cuba** entre otras razones porque le manifiesta:

--Contiene una visión que me permitió conocer qué aportaron los humildes haitianos cortadores de caña y recogedores de café a la historia y a la cultura de Cuba. Antes a los niños se les echaba miedo diciéndoles que si no se portaban bien o salían sin permiso a la calle, se los iban a llevar el *hombre del saco*…¿imagina Ud. a quién se referían con esta expresión de El hombre del saco? No a un caballero en traje o en levita; ese individuo no era otro que un negro en específico: el humilde inmigrante de Haití que en *tiempos muertos* deambulaba por poblados con su jabuco al hombro, en busca de trabajo. Jabuco era lo único que tenía, porque ni siquiera pasaporte le daba el contratante que lo traía. Seis meses era el tiempo que transcurría de una zafra a otra y aquellos inmigrantes laborales caribeños, no tenían dinero sino para permanecer en la Isla a la espera de la zafra del café, adonde el contratista los habían llevado o traído en inteligencia con el dueño de la hacienda o a menudo con el testaferro de la finca para trabajar de sol a sol en la condición del neo esclavo: del súper explotado por la triple condición de negro, de pobre ¡y de haitiano¡ El haitiano era la última carta de la baraja y lo encerraban en los modernos barracones, a cuya demolición tuve el privilegio de asistir en la comunidad rural de Thompson, cercana relativamente del Haití Chiquito, como le llamaban a Palma Soriano.

Ya que Usted, madame, me lo ha permitido, le leeré el elogio que hace algunos año le hizo el actual director de la Casa del Caribe al libro queUd. acaba e comprar. He aquí sus palabras textuales preceia por n p´+arrafo e le acabo de escribir como ´presentación:

Creo que también ha habido desconocimiento por parte de las autoridades locales para que sucediera esto y lo digo con propiedad teniendo en mi mente a nuestro querido Maestro Fernando Boytel Jambú a quien debimos rendir en vida los honores que se había ganado con toda una vida consagrada al estudio de la presencia francesa y franco-haitiana en la cultura cubana y gracias a cuyo empeño y trabajo excepcional fueron descubiertas muchas de la mal denominadas ruinas de los cafetales franceses , afortunadamente incluidos por la UNESCO en su lista Patrimonio de la Humanidad. Al cabo de 17 años de la primera edición dominicana, este libro**El vodú en Cuba** fue seleccionado como uno de los cincuenta resultados de investigación más importantes realizados en Santiago de Cuba durante los últimos cincuenta años. Dice un adagio que nunca es tarde si la dicha es buena y creo oportuno traer las palabras del investigador, actual director de la Casa del Caribe, en ocasión de tan memorable reconocimiento público:

"Me satisface mucho hacer hoy, después de dieciséis años, un elogio a **El Vodú en Cuba**. Eran los meses finales de 1992 y me desempeñaba al frente del Departamento de Investigaciones Socioculturales de la Dirección Provincial de Cultura. Por encargo del Centro de Investigaciones de la Cultura Cubana Juan Marinello, debíamos enviar apresuradamente a La Habana los resultados científicos más relevantes obtenidos en el sector cultural durante ese año. Ya por aquel entonces tenía relaciones de trabajo con la Casa del Caribe y participaba en sus actividades. Recuerdo que había estado en dos ceremonias de vodú, una oficiada por los houganes y hermanos Pablo y Tato Milanés y otra por el hougán Nicolás Casal, ya fallecido, y que, misterios mediante, cumplirá ciento tres años el día 13, como Joel. En algún cajón en los que guardo papeles y libros conservo para la historia de esta Casa el manuscrito que redacté para la fundamentación del resultado, y como ya se había publicado el libro, adjunté un ejemplar, con la ayuda de Alarcón y de Millet. Entonces sucedía como ahora: uno manda cosas como esas para la capital, y como va del interior, infiere que las van a engavetar, o que sencillamente otro resultado cualquiera será premiado, porque el de provincia no llegó con los requisitos exigidos.

Estaba equivocado. Un día recibí una llamada por encargo de Pablo Pacheco, entonces director del Marinello, para notificarme que El Vodú en Cuba había sido premiado. Es bueno aclarar que este resultado se premió en 1992, aunque el certificado que lo acredita se emitió unos meses después, ya en 1993. Yo creo que Joel tuvo en cuenta eso cuando me propuso, un tiempo después, trabajar en la Casa del Caribe. Poco más de media cuartilla conseguí escribir entonces para esa fundamentación, y como es de suponer, no contaban ni mi ignorancia sobre el tema ni lo apresurado de su redacción. Pero quedó el resultado en forma de publicación. El vodú en Cuba era, en el momento de su primera publicación en 1992 por el Centro Dominicano de Estudios de la Educación, una revelación de las ciencias sociales cubanas y los estudios sobre la cultura caribeña. Hasta entonces, ninguna otra publicación de la Casa del Caribe había alcanzado tanta relevancia. Son varias las razones, algunas vigentes   aún. Sobre el tema sólo existían las vagas referencias reunidas en la obra de Fernando Ortiz y un artículo del investigador Alberto Pedro. La Revista del Caribe publicó en sus números iniciales los resultados del trabajo de campo de un grupo de compañeros que se había enrolado en esta aventura antropológica, y que luego servirían de cuerpo y materia prima para el libro. Aun cuando no figuran como autores, aquí hay que resaltar dos nombres imprescindibles: Julio Corbea Calzado y Manuel Santana. Tras aquella edición que se hiciera con el concurso del querido hermano dominicano Alfredo Pierre y de su coterráneo, el antropólogo Dagoberto Tejeda, el resultado ha sido editado en dos ocasiones por la Editorial Oriente. Primero este libro, y después el de los investigadores Manuel Ruiz Vila y Rafael Brea,1 son ejemplos no superados de la escuela de investigación antropológica que quiso Joel. Este libro se cuestionó desde sus mismos inicios. Se calificó apresuradamente de positivista y simplista, y se le adjudicaron no pocos calificativos más por los "cientificistas" de entonces. Todavía hoy hay quienes lo descalifican. Ninguna obra humana es perfecta, y los resultados en las investigaciones sociales tienen márgenes de error metodológico reconocidos. Aquel equipo de expertos que decidió premiar este resultado en 1992, y los autores impulsados por Joel, tuvieron la lucidez suficiente para distinguir que se trataba de información esencialmente nueva sobre un aspecto de la realidad, que ofrecía datos primarios, quiero decir, sin la siempre contaminante apreciación del científico social. Hay otros detalles importantes. Apenas la investigación comenzó, en otras zonas de Oriente como Las Tunas, Holguín, Guantánamo y Ciego de Avila comenzaron a formarse equipos de compañeros especialistas, investigadores y promotores culturales interesados de múltiples maneras en el tema. Con este resultado empezó a cambiar verdaderamente la visión sobre la presencia haitiana en Cuba. El vodú y sus portadores entablaron desde ese momento, con un recurso de la ciencia bien empleado socialmente, un diálogo con el resto de la cultura nacional. Sacar este asunto de la Sierra Maestra y de los llanos de Las Tunas, Holguín, Camagüey y Ciego de Ávila, y ponerlo a consideración de las ciencias sociales, de las investigaciones sobre la cultura cubana, llevarlo a las universidades, a las galerías de arte, a los medios audiovisuales y los departamentos de asuntos religiosos del Partido, fueron los primeros efectos de esta pesquisa que comenzó casi al tiempo que se fundaba esta institución.

Un resultado de investigación de cualquier aspecto de la sociedad se puede considerar válido no sólo cuando ofrece información novedosa sobre el objeto investigado, sino también cuando abre el camino y provoca nuevas interrogantes. Ese es otro logro importante del trabajo, que el equipo de hoy, con el auxilio de este resultado, tiene por delante. El vodú en Cuba dejó para la Casa y para los estudios sobre la cultura cubana un reto: el de condensar en un volumen más ambicioso los aportes de la presencia haitiana en la cultura cubana con la información suficiente para medir su aún no bien reconocido papel en los procesos reconformadores de la cultura nacional. Merece igual atención destacar la inmensa cantidad de información de primera mano que arrojó este estudio, desde la contenida en el documental Huellas, del realizador Roberto Román, hasta el archivo fotográfico y fonográfico que corre peligro de deteriorarse. El resultado en sí mismo no es sólo lo publicado en el libro, sino todo lo que sirvió de fondo para los análisis y la selección: una nada despreciable cantidad de testimonios que quedaron registrados para la historia de la cultura cubana y caribeña.

En esta hora de elogios no se pueden olvidar las muestras de confianza y las contribuciones de los portadores, muchos ya fallecidos, y otros que durante este tiempo siguieron brindando su desinteresada colaboración.

Ya hacia los finales veo con claridad otras aportaciones: la caracterización del vodú practicado en Cuba, las comparaciones con el de Haití y el de la República Dominicana y su definición como variante "ogunista" a partir del predominio de las familias de loas con estas características, la clasificación de los loas del vodú cubano por familias y su distribución por la geografía de la mitad oriental del país, una referencia bibliográfica sobre este tema que no existía y un vocabulario de términos sin el que no era posible comprender muchas cuestiones.

Algunos críticos mal intencionados todavía dicen que este libro fue escrito por Joel, lo que muestra que ni conocen el texto, ni el tema ni mucho menos a los autores. Joel estudió a fondo los mecanismos de intercambio entre haitianos y cubanos. Hay un capítulo en el libro consagrado a este necesario punto de partida, pero no habría habido avances en el proceso investigativo si Millet no hubiera perfeccionado su creole y mucho menos si Alexis Alarcón no hubiera puesto sus valiosas experiencias personales al servicio de un propósito tan noble y enriquecedor de nuestro patrimonio cultural. Los tres autores hicieron un equipo y se complementaron muy bien. Ahora Joel no está y Millet anda con otras interrogantes; Alarcón, sin ambiciones espurias y sin posturas de científico, continua siendo el especialista que más conoce sobre el vodú en Cuba. Muchas gracias."

Luego de explicarle los detalles arquitectónicos de la Lonja del Comercio, antiguo edificio de la firma del famoso Ron Bacardí el bicitaxista Antonmarchi asoma con la elocuencia criolla la teoría de que a través de la gastronomía puede explicarse todo lo que ella busca.

--El norteamericano Hemingway no supo nunca que el *mojito* que tanto degustaba en este bar Floridita no era cubano ¡lo inventaron sus paisanos: los *rangers* que desembarcaron por Santiago de Cuba en 1898¡. Porque en su país de origen bebían whisky y el alcohol de aquella nueva bebida no le pasaba al gusto anglosajón por el calor de la ciudad más caliente de la Isla. Bueno escuché que Ud. está interesada en conocer de *lo francés* y por eso le arrebaté al brother, a mi colega esta carrerita: creo que al principio a ese cocktail le pusieron el nombre *daiquirí*, que la gente no sabe que es el nombre de la playa por donde los hoy *marines* desembarcaron. Y Daiquirí es voz del asentamiento aborigen de mi patria chica, madame: de Santiago de Cuba, que mira al Sur mientras que La Habana siempre ha mirado al Norte. Pero el ron con que se hacía aquel trago lo inventó Don Facundo Bacardí en 1864, dueño del famoso cafetal que hoy forma parte de la cadena de los Cafetales Franceses declarados por la UNESCO Patrimonio de la Humanidad.

El mundo al revés¡, esta *macri* no se orientó bien: debió haber comenzado el recorrido en Guantánamo, por Baracoa, por donde entró el cacique Hatuey luego de atravesar el Paso de los Vientos que separa a Cuba de Haití. Pero si se lo digo me embromo y pierdo la oportunidad de ganarme los *chavitos* que necesito para irme este año al carnaval, porque no le puedo fallar este año a Sebastián Herrera Zapata, director de la comparsa conga más famosa de Cuba: el *Kokoyé*¡¡¡¡ "Chang" espera ganar este año con el *gallo tapao* que le llevo. Lo ayuda el que se acaba de imprimir un disco en París con su música… un extranjero alumno del famoso tamborero y luthier Milián Galí Riverí se llevó las grabaciones que hizo en la sede de la conga, en Martí y Moncada, y todos los vecinos del barrio de Los Hoyos bullen de entusiasmo esperando por mi aporte.

Dudo en manifestar mi disgusto con los manuales por donde le enseñan Historia a mis nietos y al resto de los ciudadanos. En ellos frecuentemente se omiten, distorsionan, manipulan o desconocen hechos y personajes que resultan referencias obligadas del universo donde nacimos, crecimos y hemos vivido. El cacique Hatuey, primer mártir de nuestra patria, no era cubano, sino de Haití, de donde cruzó el Paso de los Vientos que separa los dos países para organizar la lucha armada contra el conquistador español. Su experiencia en La Española, que fue el nombre que le dieron los europeos a Haití, se la trasladó a nuestros amerindios con los que luchó y en pago a su valentía le colocaron Hatuey a la etiqueta de una cerveza que se vendía en todos los *botiquines* de la Isla.

Le voy a mostrar este libro **Cuba and Its Music: From the First Drums to the Mambo*** de música del compositor y musicólogo americano Ned Soublette, el amigo cawboy de la rumba a quien acompañamos en sus dos expediciones producidas por la organización estadounidense Afropop Worldwide. Ella debió haberse documentado mejor para no caer en el mismo error; la primera vez el celebrado músico entró por La Habana para ver agrupaciones musicales de *salsa*, pero aconsejado por mí rectificó y desembarcó la secunda vez por el Oriente e hicimos aquel periplo desde la ciudad Héroe de la República de Cuba hasta la ciudad de Guantánamo donde lo puse en vecindad con todo lo relacionado con el aporte de lo que se llama el anglo-Caribe mediante una asociación civil cuyos miembros hablan finamente el britich inglich y que conservan tradiciones de toda clase traídas por los inmigrantes laborales de las Antillas colonizadas por Gran Bretaña. También compartimos las historias de vida de quienes mantienen vivo el complejo cultural franco-haitiano que nos legó Francia a través de Haití y que es conocido como la *Tumba Francesa*. Todo se relaciona. La cultura está en los detalles por tanto hay que fijar la vista en cada detalle, en las puntadas del tejido que las manos de la gente borda con los motivos aparentemente más insignificantes. En la guantanamera Loma del chivo hemos aprendido con Chito Latamblé y otros músicos anónimos más de *changüí* que en los libros escritos acerca de la música cubana y en las disertaciones de encumbrados académicos.

En aquellas latitudes del extremo Oriente vive la *Cuba profunda* el hombre natural originario de estas tierras con la libertad que le concede haber aprendido a vivir en armonía con el universo. Allí brotó la importancia de tomar en cuenta la geografía física, porque en las piedras se conserva la huella prístina del paso de la especie homo sapiens por esta parte de la corteza terrestre. Es una ingenuidad el divorcio de la Naturaleza con el Espíritu; de ella brota la creación artística o ¿negamos el arte rupestre? Absurda es esa división de la

Historia en la que seguimos negando que haya ausencia de praxis histórica en el Paleolítico, como si en alguna religión el centro no fuera una piedra o las piedras no fuesen las fuentes por las que se expresen las fuerzas el Misterio que llamamos divinidades, fuerzas sobrenaturales a las que, por limitaciones del entendimiento calificamos de espirituales. ,

Para mostrar esa Cuba profunda, visitamos Playitas, por donde arribó Martí y el dominicano General Máximo Gómez, quien cantó como un gallo al pisar nuevamente tierra cubana.   Baracoa, Sagua de Tánamo, Holguín y Bayamo. El musicólogo me cita pero no sé si darle a la madame la idea de que ese es el triángulo "mágico" donde se explica lo cubano: el que parte de Manzanillo,se extiende por la llanura del Cauto y, por el Sur e Oriente, hasta Baracoa. En el medio- - justo en centro de la figura "geométrica" de tres lados-- está no la estrella como en la bandera sino la corriente el río que revienta en la Sierra Maestra se despeña por la llanura recorre el centro y arrastra consigo multitud de fuentes fluviales—ríos y arroyos—hasta tributar en el Golfo e Guacanayabo en los alrededores de Manzanillo.
--Excúseme, madame, pero, ¿Usted conoce realmente a Martí? Le entrego este resumen.
Martí en Francia y Francia en Martí

A mendo los cubanos olvidamos que José Martí fue justipreciado en el siglo XIX por intelectuales extranjeros de la estatura de Rubén Darío, pero desconocido olímpicamente por la intelectualidad de la Isla y mucho más por la de la Madre España. Asombra que incluyamos en este desconocimiento a Julián del Casal nacido en La Habana en 1863 y a quien Martí reconoció con apreciaciones y certeras al punto de decir que de él "se puede decir que, pagado del arte, por gustar del de Francia tan de cerca, le tomó la poesía nula, y de desgano falso e innecesario, con que los orífices del verso parisiense entretuvieron estos años últimos el vacío ideal de su época transitoria" pero en esa breve nota necrológica publicada en el periódico **Patria** en 1893 Martí habla de la existencia de una generación literaria que ha brotado en América y de la que el joven poeta fallecido es expresión y lo indica en los siguientes términos que denotan la profundidad con que Martí había calado en la imitación de la cultura francesa habían caído muchos de los creadores contemporáneos suyos:

> Es como una familia en América esta generación literaria, que principió por el rebusco imitado, y está ya en la elegancia suelta y concisa, y en la expresión artística y sincera, breve y tallada, del sentimiento personal y del juicio criollo y directo. El verso, para estos trabajadores, ha de ir sonando y volando. El verso, hijo de la emoción, ha de ser fino y profundo, como una nota de arpa. No se ha de decir lo raro, sino el instante raro de la emoción noble o graciosa.-Y ese verso, con aplauso y cariño de los americanos, era el que trabajaba Julián del Casal. Y luego, había otra razón para que lo amasen; y fue la poesía doliente y caprichosa que le vino de Francia con la rima excelsa, paró por ser en él la expresión natural del poco apego que artista tan delicado había de sentir por aquel país de sus entrañas, donde la conciencia oculta o confesa de la general humillación trae a todo el mundo como acorralado, o como antifaz, sin gusto ni poder para la franqueza y las gracias del alma. La poesía vive de honra.

Contrata con la posición alejada el interés patrio, esa otra generación de escritores que Martí ve simbolizada en la persona del escritor y revolucionario Cirilo Villaverde. Así lo retrata desde las páginas de **Patria** en otra nota necrológica en 1894(http://www.damisela.com/literatura/pais/cuba/autores/marti/proceres/villaverde.htm):

Otros digan cómo aprovechó, para bien de su país, el don de imaginar, o compuso sus novelas sociales en lengua literaria, antes de que de retazos de Rinconete o de copias de Francia e Inglaterra diesen con el arte nuevo los narradores españoles. Ni cuando el amable Delmonte saludaba en él, con aquel cultivo de mérito por donde es la crítica más útil que por la agria censura, «al primer novelista de los cubanos»; ni cuando en el silencio del destierro, con aquella rara mente que tiene de la miopía la menudez sin la ceguera, compuso, al correr de sus recuerdos de criollo indignado, los últimos capítulos de su triste y deleitosa «Cecilia»

Es penoso pero real comprobar que en Cuba comenzó a vislumbrarse la real dimensión universal e Martí como escritor a partir de la cuarta década el siglo XX. En relación con la presencia de Martí en Francia y la presencia francesa en su obra creadora, la mayoría de los autores consultados refieren sus dos breves estancias en Francia, ambas de tránsito hacia las Américas, la primera—que tuvo lugar en 1874—a su salida del exilio de España, donde había culminado sus estudios de Filosofía y Letras y la segunda—cinco años después, en 1879. Como ha observado el doctor Paul Estrade—uno de los estudiosos más agudos del pensamiento martiano—Martí se interesó por las artes, la ciencia y la política pero el impacto de París van más allá de las impresiones del viajero deslumbrado por las artes y aun por la vida política del país galo, reflejadas en dos de los tomos de sus Obras Completas destinados a registrar todo lo que escribió acerca de Europa. Martí demostró desde temprana edad ser un estudioso consecuente de las sociedades de s tiempo y el dominio del idioma francés le abren la pertas para la lectura de obras publicadas en francés y la comprensión de realidades e empapan a otro observadores e interesados, como puede verse en el contrate que hace de la decadencia que ha visto en el Viejo Mundo y lo que hay de nuevo en algunos de sus centros metropolitanos como ha apuntado Carmen Esquivel (http://www.damisela.com/literatura/pais/cuba/autores/marti/proceres/delcasal.htm):

> Frente a esa imagen de París como «Prometeo inmenso que acaricia y adora a su buitre», se alza la figura amada de Víctor Hugo, a quien afirma haber conocido:

> Yo he visto aquella cabeza, yo he tocado aquella mano, yo he vivido a su lado esa plétora de vida en que el corazón parece que se ancha, y de los ojos salen lágrimas dulcísimas, y las palabras son balbucientes y necias, y al fin se vive unos instantes lejos de las operaciones del vivir. El universo es la analogía. Así Víctor Hugo es una montaña coronada de nieves, de la que a montones escapan rayos que recibe del mismo Padre Sol. (Martí 1970: 119)

Cierto que Martí recorrió el Sena, se paseó por lo museos, conoció a la actriz Sarah Bernhart, recorrió el Panteón y el Palacio de Luxemburgo y hasta estuvo en el cementerio Pére Lachaise: nada de Francia le fue ajeno—ni u literatura, la pintura, las artes, la ciencia y la tecnología-- y testigo de sus tan variados intereses fueron los textos que escribió y publicó en diarios de México y en Venezuela entre otros. Pero su vista se centró en la política y en la Revolución que le proveerían de herramientas para entender mejor la sociedad colonial y la situación de su propia patria, de la Cuba oprimida por el imperio colonialista y esclavista de España. Como bien no ha recordado el profesor Paul Estrade el Apóstol advirtió sobre la amenaza permanente que representaba el norte revuelto y brutal y sobre la falsedad del panamericanismo. "Él había mostrado que todo proyecto de unidad continental entre el sur latinoamericano y el norte anglosajón era una superchería, no era una alianza sincera, era la forma que buscaba el más fuerte para poder dominar con sus bancos, su flota y su dólar la economía de los demás y apoderarse del más débil", sentenció el distinguido académico.

.Ese fue el legado histórico al que tenemos que referirnos, que estamos obligados a referirnos cuando hablamos de Francia en Martí. Es lo que le permitiría ver que había vivido en las entrañas del monstruo y debía usar la onda de David para derribarlo. Francia, su revolución, las ideas libertarias y su propia historia e cabio radicales en mucho de los órdenes e la vida social constituyeron una de las fuentes principales de la génesis del pensamiento antimperialista del Héroe de Dos Ríos. Creo que todo esto lo toaría en cuenta la UNECO para instituir el Premio internacional José Martí que les otorga a quienes hayan realizado una labor meritoria en favor de la unidad e integración de los países latinoamericanos y de la preservación de su identidad, su cultura y de sus valores Históricos

A estas alturas de los estudios hechos por tantos connotados investigadores, pocos negarán que José Martí fue un genio: dominó a la perfección el idioma francés, tradujo obras de Víctor Hugo y ejerció la enseñanza del francés en varios países. No debe hablarse más de presencia francesa ni franco-haitiana en Cuba; en propiedad, debe hablarse del patrimonio histórico y cultural legado por el pueblo francés y los franco-haitianos a la historia y a la espiritualidad del cubano y el más vivo y elevado exponente de ese patrimonio es la obra creadora y la praxis revolucionaria de José Martí, a quien el abogado Fidel Castro declaró autor intelectual del asalto al Cuartel Moncada llevado a cabo el 26 de lio de 1953 y con el cual se inició la última etapa del largo proceso de la lucha por la independencia y liberación total de Cuba, lograda el 1ero de enero de 1959 luego de varios años de lucha armada en la Sierra Maestra y en todo el territorio nacional.

Me alegra haber tocado una fibra sensible y le entrego el siguiente reportaje del periodista **Víctor Pérez-Galdós Ortiz** para que lo lea en su hotel:

"Él[José Martí] tuvo la posibilidad de conocer este país europeo en la etapa final de 1874 cuando se dirigía de España hacia los Estados Unidos y de ahí hacia México con el objetivo de reencontrarse con sus padres y hermanas, quienes se habían trasladado y radicado en ese país de América Latina desde mediados de ese año.

Martí había permanecido en España desde que fuera deportado de su tierra natal en enero de 1871 tras haber padecido por sus convicciones patrióticas el presidio político y la realización de trabajo forzado. Tras una permanencia de casi cuatro años en el territorio español donde vivió primero en Madrid y después en la ciudad de Zaragoza, en la provincia de Aragón, emprendió el viaje hacia México y primero llegó a París.

En la capital francesa permaneció varios días. Allí tuvo la oportunidad de hacer un recorrido por los lugares más bellos y típicos de la ciudad y también se interesó y logró visitar famosos museos en los que había obras maestras de todos los tiempos. Igualmente indagó y buscó libros de las más grandes figuras de la novela y la poesía de dicho país.

Con esto José Martí evidenció el ansia que tenía por conocer todo lo bello que estuviera relacionado con el arte y que contribuyese así a hacer más grata y placentera la vida.

Martí fue un gran admirador de la cultura francesa y además tuvo conocimientos de su idioma. Se puede decir que para él constituyó siempre una ilusión el poder apreciar directamente la ciudad de París, que representaba entonces el centro cultural del mundo, y corazón del pueblo que abrió con su labor una nueva etapa hacia la libertad. Sintió una gran admiración por el pueblo francés. Martí disfrutó a plenitud ese encuentro con singulares obras de arte y el poder apreciar en sentido general la pujante cultura francesa y el reflejo de otras manifestaciones de diversos países de Europa que se hacían presente en París.

Algún tiempo después de haber realizado esa visita a Francia, José Martí, ya en México, encaró la tarea de traducir una de las obras de un notable escritor francés, en este caso el novelista Víctor Hugo.

A Víctor Hugo lo llegó a calificar como "cabeza universal" y como una inteligencia que va más allá de los idiomas, y lo sintió como a un padre.

En una crónica titulada Variedades de París que Martí publicó en México, en la Revista Universal, en la edición del tres de abril de 1875, comentó en relación con las apreciaciones que había tenido durante su breve permanencia en la capital francesa y también con respecto a Víctor Hugo.

Señaló: "Yo he visto aquella cabeza, yo he tocado aquella mano, yo he vivido a su lado esa plétora de vida en que el corazón arece que se ancha, y de los ojos salen lagrimas dulcísimas, y las palabras son balbucientes y necias, y al fin se vive unos instantes lejos de las opresiones del vivir. El Universo es la analogía. Así Víctor Hugo es una montaña coronada de nieves, de la que a montones se escapan rayos que recibe del mismo Padre Sol."

La doctora Carmen Suárez León, investigador titular del Centro de Estudios Martianos en su Crónica sobre un encuentro probable, afirmó al respecto: "Por la lectura de este texto Martí parece haber saludado a Hugo en algún momento y haber sostenido palabras con él. Su deslumbramiento es enorme, tanto que ese instante parece ser común momento de libertad interior, un momento en que se libera de la angustia que va sintiendo en esos días."

Casi tres lustros más tarde José Martí escribió acerca de Francia y de un acontecimiento de carácter mundial que tenía lugar en su capital, en este caso la Exposición de París. Hizo referencia a ello en un extenso trabajo publicado en la tercera edición de la revista "La Edad de Oro", en septiembre de 1889.

En la parte inicial de ese trabajo, que fue el más largo de los reflejados en las cuatro ediciones de la citada publicación, resaltó: "Los pueblos todos del mundo se han juntado este verano de 1889 en París." Y recordó que esa exposición se realizaba con motivo del centenario de la Revolución francesa.

En el desarrollo del trabajo no solo describió con singular maestría, pese a que él no se hallaba en París, las características de los distintos pabellones de muchos de los países participantes en la exposición y las actividades que se realizaban, sino también resaltó la majestuosidad de la Torre Eifell, símbolo de París, a la que calificó como "el más atrevido de los monumentos humanos."

E igualmente resaltó lo que ocurría durante la Exposición de París en la zona específica donde está situada la torre Eiffel: "¡El mundo entero va ahora como moviéndose en la mar, con todos los pueblos humanos a bordo, y del barco del mundo, la torre es el mástil! Los vientos se echan sobre la torre, como para derribar a la que los desafía, y huyen por el espacio azul, vencidos y despedazados. Allá abajo la gente entra, como las abejas en el colmenar: por los pies de la torre suben y bajan, por la escalera de caracol, por los ascensores inclinados, dos mil visitantes a la vez; los hombres, como gusanos, hormiguean entre las mallas de hierro; el cielo se ve por entre el tejido como en grandes triángulos azules de cabeza cortada, de picos agudos."

--Pero ya que este concurso en el que estoy interesado en ganar el premio lleva el nombre de Víctor Hugo, leamos este trabajo de una de las más brillante investigadoras del Centro de Estudios martianos en torno a Víctor Hugo:

Víctor Hugo y la Revolución Cubana
Por: Dra. María Caridad Pacheco González (Centro de Estudios Martianos)
http://librinsula.bnjm.cu/secciones/208/nombrar/208_nombrar_2.html

En pleno corazón del Vedado, en un parque donde los enamorados suelen concertar citas, los niños encuentran espacio para sus juegos y los campistas habaneros esperan el transporte que los conducirá a lugares de sano esparcimiento en la campiña cubana, se levanta un monumento consagrado a un escritor francés del siglo XIX. En la tarja colocada en ese parque, se puede leer: "A Víctor Hugo, defensor de nuestra independencia e hijo de Francia, patria universal de la cultura y de la democracia".

También aparecen inscritas las palabras que el famoso autor francés dedicó a la defensa de Cuba, en los días trágicos y gloriosos en que las armas mambisas se batían por la libertad de la Isla: "La magnífica Cuba —vaticinaba Hugo— se erigirá un día libre y soberana entre sus hermanas augustas, las Repúblicas de América".

El monumento consagrado con motivo del cincuentenario de la muerte de Víctor Hugo, y en cuya realización participó el entonces Historiador de la Ciudad, uno de los más prestigiosos historiadores.

cubanos del siglo XX, Emilio Roig de Leuchsenring, quedó para siempre instalado en la memoria de un pueblo que nunca olvida a quienes en tiempos turbulentos y peligrosos defendieron, con valentía y honestidad a toda prueba, el derecho de Cuba a figurar entre las naciones libres e independientes del mundo.

En la segunda mitad del siglo XIX, Víctor Hugo se destacó como defensor y abanderado de las causas justas de la época. Su voz y su pluma estuvieron incondicionalmente al servicio de la lucha de los pueblos oprimidos y de sus tenaces libertadores, ya sea en favor de la obra antiesclavista de John Brown en los Estados Unidos de América, o en decidido apoyo a la lucha de resistencia del pueblo mexicano frente a la invasión francesa y a su líder,

Benito Juárez, Hugo no cesaría nunca de luchar por la paz, la libertad y los derechos del hombre. En 1864 escribe:

"Matarse recíprocamente fue locura de una época. Ha llegado la hora de amarse recíprocamente. Para promulgar estas verdades está el poeta. Pero para ello es preciso que sea pueblo (...) es decir, que siendo portador del progreso no retroceda ante la proximidad del hecho, por muy infame que aún sea. La distancia de lo real a lo ideal no puede ser medida en otra forma (...) Ser audaces con la promiscuidad trivial, con la metáfora popular, con la vida común, con esos exiliados de la alegría que se llaman los pobres, es el primer.

Deber de los poetas (...) Sacrifícale! Sacrifícate! Déjate perseguir, déjate exiliar! (...) sacrifícale tu oro y tu sangre, que es más que tu oro, y tu amor que es más que tu pensamiento, sacrifícale todo, excepto la justicia ..."

La función social del arte, según Víctor Hugo, es deber impuesto al pensador, filósofo o poeta por la obligación de bregar para imponer ideales de perfección espiritual, y en última instancia, ya que el hombre pertenece a una determinada realidad y es naturalmente celoso de su independencia, la poesía, o el arte en general, cumple cabalmente sus fines, si su belleza se pone al servicio de la patria y la libertad. "No. La utilidad patriótica o revolucionaria nada quita a la poesía", afirmaría Víctor Hugo.

No es de extrañar entonces que alzara su protesta contra el gobierno colonial español por su obstinada pretensión de erigirse en eterna metrópoli de la Isla, y no reconocer el derecho que le asistía al pueblo cubano de tener gobierno propio. En diversas ocasiones el poeta francés manifestó sus simpatías hacia la lucha que libraban los cubanos desde los campos insurrectos y desde la emigración revolucionaria, donde hombres y mujeres identificados con la causa independentista, buscaban entre las grandes personalidades de la intelectualidad americana y europea, el reconocimiento de su beligerancia y el apoyo solidario a su batalla por la libertad.

Cuando comenzó la guerra de independencia de Cuba, el 10 de octubre de 1868, Víctor Hugo estaba desterrado en la isla inglesa de Guernesey, en el Canal de la Mancha. Había tenido que partir de su patria tras el golpe de Estado contra la Segunda República realizado en 1851 por Luis Bonaparte, a quien calificaría con el apelativo de "Napoleón, el pequeño". Huyó a Bruselas y cuatro años más tarde se instaló en la pequeña isla inglesa donde residió durante casi 20 años. De este modo, lejos del mundo y cerca de todo lo que acontecía, por su razón y por sus sentimientos, disponía del tiempo necesario para reflexionar sobre los problemas de su época. Su fama crecía con el renombre del proscrito que de algún modo había consolidado al poeta, lo que le permitió ejercer sobre los círculos intelectuales del mundo una marcada influencia, para nada restringida al quehacer literario.

Desde su residencia de Hauteville-House dictaminaba a través de cartas y declaraciones sobre los más diversos asuntos políticos y humanos que reclamaban su atención. Su biógrafo, André Mourais, ha descrito admirablemente los días del destierro a Guernesey, al mostrar al escritor en perenne vigilia ante los reclamos de la humanidad. El propio José Martí, Apóstol de la Independencia de Cuba, reconocía esta cualidad en el egregio escritor y se regocijaba de que se viera "erguido y trabajando" a pesar de sus ya largos años de vida.

En los consejos que, desde Guernesey, ofrece en 1868 a los demócratas españoles, los cuales por conducto de Castelar demandan su opinión acerca de la esclavitud en los dominios ultramarinos de España, expresa la siguiente idea:

"Un pueblo se aumenta con todos los hombres a quienes liberta. Sed la grande España completa. Lo que os hace falta es Cuba de menos y Gibraltar de más.

"Una última palabra. En la hondura del mal, despotismo y esclavitud se juntan y producen el mismo efecto. No hay identidad más impresionante: el yugo de la esclavitud pesa acaso más sobre el amo que sobre el esclavo".

En la navidad de 1869, en su residencia de proscrito, cuando según costumbre, ofrecía una fiesta para los niños pobres del vecindario, Víctor Hugo alzó su voz para identificarse con la lucha que libraban los cubanos contra la metrópoli española. Expresó entonces:

"Permitidme, puesto que se me presenta para ello la ocasión, enviar una palabra de simpatía a esas nobles tierras que han lanzado, las dos, el grito de libertad. Cuba se libertará de España, como Haití se libertó de Francia. Haití, desde 1792, al emancipar a los negros, hizo triunfar el principio de que un hombre no tiene derecho a poseer a otro hombre. Cuba hará triunfar este otro principio, no menos grande: que un pueblo no tiene derecho a poseer a otro pueblo".

A principios de 1870 le llegaba un memorial de las mujeres de Cuba suscrito por más de trescientas firmas, enviado desde la ciudad de Nueva York por la patriota cubana Emilia Casanova, secretaria de la Liga Las Hijas de Cuba, con el propósito de dar a conocer la causa de su patria y solicitar la ayuda y simpatía para Cuba al patriarca de las letras francesas. La respuesta de Hugo no se hizo esperar:

"La conciencia es la columna vertebral del alma —decía—; mientras la conciencia permanece recta, el alma se mantiene en pie; no llevo en mí más que esta fuerza, pero ella basta. Y hacéis bien en dirigiros a mí." Hablaré por Cuba como hablé por Creta. "Ninguna nación tiene derecho a asentar su garra sobre otra; no lo tiene más España sobre Cuba que Inglaterra sobre Gibraltar. No posee más un pueblo a otro pueblo que un hombre a otro hombre: el crimen resulta más odioso aun contra una nación que contra un individuo...".

Y concluía con su palabra admonitoria:

"Contemplar desde hoy lo que el mundo verá mañana es vivo júbilo. En un instante determinado, sea cual sea la negrura del momento presente, surgirán la justicia, la verdad y la libertad e irrumpirán espléndidas sobre el horizonte. Agradezco a Dios que desde ahora me otorgue esta certidumbre; la dicha que queda, entre las sombras, al proscrito, es ver levantarse la aurora en el fondo de su alma".

Hay que decir que el texto de Hugo hacia las mujeres cubanas fue también muy impresionante, porque les dio legitimidad pública a las mujeres en un momento en que la emigración cubana de Nueva York debatía acerca del derecho de las mujeres a hablar por sí mismas. Por lo tanto, se comprende el enorme impacto que provocó no solo en Francia, sino también entre los emigrados cubanos, el deseo de Hugo de darles legitimidad política a las mujeres cubanas.

Igualmente, cuando los combatientes del Ejército Libertador en Puerto Príncipe se dirigieron a él, no tuvo reparos en declarar que "Cuba no pertenece más que a Cuba" y agregó con absoluta convicción: "Cuba lucha, despavorida, magnífica y ensangrentada, contra todas las ferocidades de la opresión. ¿Vencerá? Sí. Entretanto, sangra y sufre".

Y por último, hallándose en París, allá por 1874, el agente especial de la Cuba rebelde, don Antonio Zambrana, quien había sido secretario de la Asamblea de Guáimaro y uno de los redactores de la Constitución que de allí surgió, además de miembro de la Cámara de Representantes de la República en Armas, busca —y encuentra una vez más— la palabra alentadora de Víctor Hugo, quien en la carta en la que le concede la entrevista en su casa de la calle Clichy, número 21, reitera la simpatía profunda que profesa por "la noble y valerosa Cuba", por la cual sostiene que ha levantado ya la voz y la ha de levantar de nuevo.

De esta manera, en aquellos años difíciles y duros en que los revolucionarios cubanos lucharon prácticamente solos, ante la mirada indiferente y codiciosa de la nación norteamericana, frente al gobierno de una metrópoli que contaba con enormes recursos en armamento y hombres, el autor de La leyenda de los siglos, se solidarizó públicamente con la pequeña Isla de las Antillas y proclamó, sin reparos ni tibiezas, su adhesión y respeto por los ideales independentistas de los cubanos.

No podía proceder de otro modo quien, partidario de una democracia liberal y humanitaria, por su capacidad de sentirse al lado de los humildes, de los perseguidos, recibe en su casa, a los 69 años de edad, a los exiliados de la Comuna de París, aquellos que levantaron en Francia la bandera de la independencia nacional frente a los invasores prusianos, la misma bandera que desplegaron los revolucionarios cubanos frente a los opresores españoles. Esta conducta provocó su expulsión de Bélgica, no sin antes proclamar en uno de los periódicos de aquel país: "El gobierno belga estará contra mí, pero el pueblo belga estará conmigo. En todo caso yo estaré con mi conciencia".

En una de las composiciones poéticas de El año terrible, libro consagrado a los acontecimientos de 1871, Hugo alude a nuestra Isla. Al describir los problemas que afectaban al mundo en los momentos que había estallado la guerra franco-prusiana, escribe la siguiente frase: "De España cae en Cuba granizada de balas". No sería por cierto la única ocasión en que haría mención a Cuba y a su lucha emancipadora, de forma espontánea, sin que hubiera de por medio un reclamo o una solicitud, lo cual dice mucho de su magnífico reconocimiento a la nacionalidad cubana y de su apoyo a los heroicos combatientes del Ejército Libertador.

Quizás por estas y otras razones, Víctor Hugo ha sido un autor predilecto de nuestra patria. En el siglo XIX, hombres y mujeres de las letras cubanas como Cirilo Villaverde, José de la Luz y Caballero, José Fornaris, Gertrudis Gómez de Avellaneda, Rafael María de Mendive, José de Armas, Aurelia Castillo, Enrique José Varona, Manuel Sanguily y José Martí se sintieron atraídos por su obra, lo cual ha quedado plasmado no solo en las traducciones de sus libros, sino también en poemas, ensayos, y artículos de diverso carácter. El propio Lugarteniente General Antonio Maceo que tenía, según Martí, tanta fuerza en la mente como en el brazo, se entregó a la lectura de Los miserables de Víctor Hugo en aquellos días que preludiaron su inmortal Protesta de Baraguá.

En el siglo XX, una tras otra generación de revolucionarios cubanos buscaron sus obras. El Comandante en Jefe Fidel Castro, desde la cárcel de Isla de Pinos, donde fue confinado después del asalto al cuartel Moncada, solicitaba insistentemente a los amigos que lo visitaban el envío de libros. Varias cartas de Fidel durante ese período, marcan la progresión inicial de esas lecturas, entre las cuales menciona Los Miserables de Víctor Hugo, obra que, según él, lo había entusiasmado lo indecible, aunque posteriormente la enjuiciara críticamente. Entre las lecturas que alterna con las Obras de José Martí de la Editorial Lex, se encuentra la biografía de Shakespeare, también de Hugo, y sobre la cual escribe el 24 de marzo de 1954 lo siguiente:

"Víctor Hugo en su biografía de Shakespeare tiene frases muy bellas y sobre todo elocuentes al hablar de los libros... «la inmensa Biblia humana compuesta por todos los profetas, por todos los poetas, por todos los filósofos, va a resplandecer flamígera en el hogar de ese enorme lente luminoso que es la enseñanza obligatoria». Sus palabras han sido proféticas dentro de los que realmente se ha implantado la enseñanza obligatoria. Actualmente, en muchos países, entre ellos el nuestro, solo es obligatoria en teoría. Hay otras cosas más obligadas todavía: la miseria, la incompetencia y el anacronismo".

Después del triunfo de la Revolución Cubana en 1959 se hicieron grandes tiradas de obras tales como Los miserables, Bug Jargal, Nuestra Señora de París, Los trabajadores del mar y El 93, las que han sido ávidamente recibidas no por una reducida elite intelectual, sino por las grandes masas. El movimiento educacional entronizado desde los primeros años por la Revolución promovió una gran explosión de inteligencia, amor y sensibilidad artística y literaria que tendría entre sus manifestaciones esenciales, una creciente demanda del libro. De este modo, la Campaña Nacional de Alfabetización, el acontecimiento cultural más trascendental de la historia de Cuba después del propio triunfo revolucionario, estableció las premisas que conducirían al enriquecimiento del mundo espiritual y la conciencia ética del pueblo, para el cual dejaron de ser inaccesibles hasta en los lugares más apartados del país, las obras del acervo universal, incluidas las de Víctor Hugo.

Todo pueblo que aspire a una vida independiente y digna, debe ser fiel a su cauce cultural, porque no se concibe la libertad verdadera disociada de la cultura. Fue precisamente José Martí quien nos señaló ese camino. En 1953, en ocasión del centenario de su natalicio, Bernardo Figueredo, un patriota que en su adolescencia conoció al Apóstol en la emigración, refirió la siguiente anécdota:

"Mientras conversábamos caminando, Martí se dolió de las pocas oportunidades que tuvo para sembrar; en esa ocasión y en otras me habló, como de un deseo arraigado, de lo que le hubiera gustado poder hacerlo aunque no hubiera podido recoger el fruto. «Romperse las manos sembrando; el mundo no agradece bastante a los que siembran».

"Cuando yo le observé, un poco a lo Sancho, que el agradecimiento debía ser mayor para los que siembran cosas útiles como el algodón, el trigo y todo lo que sirviera de sustento, me detuvo un momento para increparme cariñosamente: «¿Cómo dices tú eso que eres pintor y estudias música? ¿Y te entusiasmas con Víctor Hugo y Amicis? Recuerda que no tan sólo de pan vive el hombre. ¿Y qué pensarás entonces de los poetas? Todo es necesario y útil para el sostén material y espiritual de los hombres»".

El hombre total, trascendente, que fue Víctor Hugo, cuya auténtica dimensión se traduce en el compromiso con la realidad social de su tiempo histórico, tiene un sitio de permanente memoria en la nación cubana, porque él, como quizás muy pocos intelectuales de su época, y a pesar de la distancia y de la diversidad de contextos político-ideológicos, supo comprender la inconmensurable fuerza espiritual de la lucha emancipatoria del pueblo cubano. El resultado de su labor intelectual, como todo producto humano, pudo haber sido superado por el tiempo, pero su legado humanista y solidario permanecerá, como obra de consagración humana, a través de los siglos. Muchas gracias".

--De modo que, ¿fue un aborigen de Haití quien inició la historia de la Isla, su primer mártir, señor?

--Sí, madame, él organizó a nuestros amerindios en el enfrentamiento armado al conquistador español y fue quemado vivo al pie de una ceiba, cerca de Yara donde desde entonces aparece en cuerpo físico que la mentalidad judeo-cristiana ha traducido en leyenda y lo llaman *La Luz de Yara*. Pero para nosotros es Hatuey el espíritu en persona del cacique rebelde y aguerrido. Como para mis paisanos de Haití sucedió con Mackandal, que sigue volando por los aires, una vez fue quemado en la hoguera en 1785.

Y le leyó el discurso que le atribuyó el defensor de la causa de los pueblos originarios que fueron los primeros esclavos hecho en este Nuevo Mundo, me refiero al Padre Bartolomé de la Casas:

Este es el Dios que los españoles adoran. Por estos pelean y matan; por estos es que nos persiguen y es por ello que tenemos que tirarlos al mar... Nos dicen, estos tiranos, que adoran a un Dios de paz e igualdad, pero usurpan nuestras tierras y nos hacen sus esclavos. Ellos nos hablan de un alma inmortal y de sus recompensas y castigos eternos, pero roban nuestras pertenencias, seducen a nuestras mujeres, violan a nuestras hijas. Incapaces de igualarnos en valor, estos cobardes se cubren con hierro que nuestras armas no pueden romper."

--Y como Ud no se va a ofender le voy a referir que poco antes de ser quemado vivo, el padre Olmedo le preguntó a Hatuey si quería convertirse en cristiano para subir al cielo

¿Cree Ud en la sobrevida, en la vida después de la muerte? Preguntó el bici taxista, con el tono del fresquillo juguetón que a esta hora de la tarde nos acaricia en estos tristes trópicos alegrados por las gráciles arboledas que sonríen al paso por el Parque Central, para no asustarla por lo que contó del guía que quisieron que ella contratara que le dijeron que era *brujero* y cree que ella se asustó porque aprendió algo de bioquímica para conocer cómo los haitianos habían envenenado a sus amos franceses antes del reventón de Bois Caimán. Pero en realidad quería saber si la señora creía en *los muertos*, en la materialización del alma de los fallecidos y no se atrevió a decírselo.

--No, señor doctor, no fue por eso que rechacé la oferta. Es que los guías turísticos lo distorsionan todo con el habla, el léxico, la lengua rebuscada con que comunican. Yo busco la emoción de la gente de pueblo, no la repetición de las historias que puedo encontrar en los libros. No sé si Ud. sabe la cantidad de centros de investigaciones que existen en los Estados Unidos y que en la Biblioteca del Congreso, por ejemplo, puedo leer obras de toda Latinoamérica sin moverme de mi casa. Quisiera saber, ¿qué de francés quedó en la mentalidad de la gente después de tanto dominio americano en vuestro país?

Esta madama si no es espiritista, le tira a la parapsicología se dijo Antonmarchi y dirigió sus pasos a la estatua del Apóstol de la independencia de Cuba. Mire mon cherie aquí le muestro el modo en que me gusta enseñar historia al visitante: el mármol habla y le está hablando al Lugarteniente General Antonio Maceo sentado en ese hotel Inglaterra, al hombre más valiente que hemos tenido, de quien dijo Martí que tenía tanta inteligencia en el brazo como fuerza en la mente, así yo lo interpreto.

Para cuando Francia irrumpa más a fondo en nuestra vida nacional, Cuba será una de las dos joyas de la corona que le quedará al decadente Imperio español en lo que se denominaba entonces la "América hispana". En el transcurso del siglo XVIII Francia había contribuido a cambiar el "espíritu de la época" que había predominado en esa América hispanófila" que había seguido al proceso de Conquista-en ocasiones genocida, esclavista y súper-explotador de los pueblos originarios o aborígenes—y posterior colonización europea de Nuestra América; Cambiaría de una América "salvaje" timorata y oscurantista dominada por la Iglesia Católica con su férreo entramado clerical y de la extrema estratificación y desigualdad económico-social en otro espíritu abierto a la Naturaleza, al ser humano, a la sociedad y al mundo mediante el estudio, la lectura y la investigación. Ese cambio de época se llevó a cabo en doble golpes de dados encima de la "piedra de la historia": desde fuera y desde dentro de las sociedades coloniales, como veremos más adelante. Sin dudas la transformación de la mente —aún de los estratos y grupos sociales más marginales e invisibilidades entre éstos como el de los "indios", de la "población de color" y de la mujer-- se produjo través del impacto formidable de La Ilustración que, desde París, irradió a Europa y a todo el mundo "caucásico" y no caucásico del mundo euro- occidental euro-cristiano.

En ocasiones el impacto de aquel movimiento se presenta sólo como intelectual o absurdamente "filosófico", pero es estrictamente político en tanto y por cuanto ataca al absolutismo monárquico y la institución cultural en que se apoya y es el brazo aparentemente "espiritual": el sistema religioso, es decir, la Iglesia. Se derrumba un sistema erigido y mantenido durante milenios por los Imperios: el dogma y su brazo ideológico paralizador y omnipresente de Terrorismo de Estado con que se mantuvo a rayas al librepensamiento y a la ciencia: el Poder de la Santa Inquisición. Ese es el arsenal la mina de ideas que el Imperio español trata de evitar a toda costa y con todos los medios a su alcance que llegue a sus colonias que se incendiarían con su contacto. Pero a la corta o a la larga resultará inevitable la influencia e incluso penetración: en una isla rodeada por muchas islas en medio e contantes conflictos de los Imperios que se las disputan al punto que el escritor e historiador dominicano Juan Boch intitula una de sus más célebres obras **El Caribe frontera imperial** .

Se producía por contagio por acción indirecta del amo sobre el esclavo o sobre los grupos sociales subalternos o por la lectura de obras escritas o publicadas de diversa índole, como las de los enciclopedistas o las de Víctor Hugo y, adentrado el siglo XIX, las del pedagogo y escritor francés Allan Kardec (Lyon, 3 de octubre de 1804-París, 31 de marzo de 1869) codificador de la doctrina espiritista que cuestionaba ser religión y se presentaba como una moderna ciencia experimental capaz de poner en comunicación a los seres humanos con la almas de las personas fallecidas y o por el comentario de visitantes extranjeros que se relacionan directa o indirectamente o que llegaron a convivir con los nacionales.

Dicen que cuando se encuentran música y poesía hay revolución. Hubo música oculta o visible al amparo del sistema de producción esclavista percutida por siervos manumisos o libertos o la mezcla de ambos en el cabildo permitido por los amos o en sustitución de ellos por capataces o administradores que en ocasiones eran negros o mulatos tambre. Hay poesía en lo cantos de la comparsas congas y en lo Cabildos más antiguos de América a los que se les permitía desfilar en las fiesta en honor de Santiago Apóstol en la ciudad que fue la primera capital de la Isla que Cuba. Un estremecimiento de pie a cabeza hizo vibrar a la sociedad colonial hispano-cubana de fine del siglo XVIII y tiene su epicentro cercano: en la colonia francesa de Saint Domingue. Mucho antes de que se desencadenara la llama encendida el 14 de agosto de 1791 en Bois Caimán, la isla había recibido los influjos muy importantes de ideas, costumbres y estilos de vida de Europa y particularmente de Francia. Éramos una presa a menudo apetecible para la piratería y el primer monumento con que se inaugura la Literatura de la Isla el poema épico **Espejo de Paciencia**, publicado en el siglo XVII, tiene por protagonista al esclavo Galomón, quien rescata al obispo Altamirano de manos del temible pirata francés Gilberto Girón, que pedía cuantioso rescate por su libertad.

Mucho nos dice del sistema patriarcal de la esclavitud imperante en el Oriente de Cuba—el escenario donde se producen los hechos narrados por la obra literaria—el que sea un esclavo el sujeto protagonista de acontecimiento tan memorable. La base o causa es económica: los dueños e de ingenios azucareros emplean escaso número de siervos en la producción el bien e cuya venta alió la plata con que se edificó esta ciudad e debió convertirse en el emporio de la actuales flamante Las Vegas en el proyecto y en la mentalidad de la expansión del capital especulativo gringo con gánster juegos de azar putas corrupción ante el régimen dictatorial imperante incluidos.

Se moverá entre el arrojo del espíritu romántico de muchos escritores encabezados, en la esfera de los símbolos, por José María Heredia, las logias masónica el arsenal de ideas, de filosofías que nos legó la Ilustración francesa y de la red de los centros espiritistas que nos viene de ese mismo país y, a través de España, en la figura de Dominga o Amalia Soler.

La Ilustración fue en Europa el laboratorio de la experimentación y el atelier donde la burguesía elaboró el arsenal de ideas enfocadas en punta de lanza contra el antiguo régimen de la Aristocracia. En suma, se trataba de la preparación artillera más eficaz y demoledora contra las instituciones en que se fundamentaba el sistema de explotación feudal: en la propiedad de los medios de producción, de la tierra concentrada en un puñado de manos de una clase social señorial en detrimento de la mayoría de la sociedad reducida a la servidumbre.

Las personalidades de las clases pudientes "ilustradas" del Nuevo Mundo llegaban al Viejo Mundo a pasear, a recorrerlo en plan recreativo o enviaban a sus hijos a estudiar, en muchos casos, sin imaginar que se sembrarían en sus almas las semillas de la rebeldía y de la rebelión. A la que luego fue llamada Saint Domingue por los franceses…

Haití, tierra de mis ancestros,los loas, cuyos cantos escuchó Martí, nacido en La Habana, cuando navegó desde Cabo Haitiano en el último episodio de nuestra gesta por la independencia, que aquel poetaintuitivo y elocuente organizó desde el exilio en New York. Él lo escribió en su diario De Montecristi a Dos Ríos, pero al parecer a ella no le interesa que le hable de que Oriente es la cuna y La Habana la cama donde siempre se arrulló el bebé, quiero decir, la Universidad donde se pretende explicarlo todo al margen de los orígenes.

Recordaré el filo del sable con que la estatua encaramada en el caballo brioso desafía, con inusitado valentía, las inclemencias del Tiempo. E Bolívar en la Plaza de Carcas que lleva su nombre. El frío que te cala el cuerpo en lo más elevado de la Sierra Maestra aun al pie de la hoguera que custodia el anciano con un sable, remedo del de Dessalines.

--Mire madame, le propongo andar La Habana en mi bicitaxi, visitar los sitios que el periodista Cirio Bianchi menciona en el siguiente artículo aparecido en el diario Juventud Rebelde y que es lo mejor que he leído acerca de Francia en Cuba. Lea usted, por favor, y me dice si hacemos este recorrido por la historia y la cultura. Y ella asintió y lego se retiró a su habitación. Y bicitaxixta se quedó leyendo el artículo de Bianchi.

"Hubo un tiempo en Cuba en que las prostitutas francesas eran las preferidas. Más elegantes y perfumadas, menos vulgares, se alzaban como maestras en prácticas como la del sexo oral entonces todavía desconocidas entre los amantes cubanos. Las había austriacas, italianas, canadienses, belgas, alemanas… pero todas eran francesas para los del patio. Una de ellas, la pequeña Berta, fue el detonante de la guerra que en la barriada habanera de San Isidro sostuvieron proxenetas franceses y cubanos. En aquella contienda —la llamada guerra de las portañuelas— encontraron la muerte Louis Lotot y Alberto Yarini, el rey de los chulos cubanos.

Los ideales de «Libertad. Igualdad y Fraternidad» proclamados por la Revolución Francesa, mueven desde temprano el movimiento revolucionario y anticolonialista de la Isla. Numeroso es el grupo de independentistas cubanos que encuentra refugio en Francia, y lo mismo sucederá bajo la dictadura machadista. El primer condenado a muerte por el delito de infidencia fue un enviado por José Bonaparte a subvertir el orden en la colonia.

Ya para entonces, y hasta bien entrada la primera mitad del siglo XX, París, y no Nueva York, será la meca de la aristocracia y la burguesía cubanas. Una noche, en las Tullerías, Napoleón III se arrojará, muerto de amor, a los pies de la cubana Serafina Montalvo, III condesa de Fernandina, con fama de ser una de las cubanas más bellas de su tiempo. Marta Abreu y Luis Estévez y Romero mueren en París. La mansión de Rosalía Abreu se convierte, por decisión de su propietaria, en La Casa Cuba, albergue de estudiantes cubanos que cursan estudios en La Sorbona. Tienen también casa en París Catalina Lasa y su esposo Juan Pedro Baró. El poeta Saint John-Perse, premio Nobel de Literatura, sostendrá, más acá en el tiempo, relaciones amorosas con una distinguida joven cubana, Lilita Sánchez Abreu, a la que dedicará su poema **A la extranjera**.

En la residencia parisina de la cubana María de las Mercedes Santa Cruz y Montalvo, condesa de Merlin, que fue amante, se dice, del príncipe Jerónimo Bonaparte, alternan Víctor Hugo, Lamartine y Musset. París es el escenario de los grandes éxitos iniciales de Claudio José Brindis de Salas, el Paganini negro, como se le llamó, y allí otro cubano, José White, autor de **La bella cubana**, llegaría a sustituir a Jean Delphine Alard en su cátedra del Conservatorio de París. La pintura moderna comienza en Cuba luego de la estancia parisina de Víctor Manuel, y Alejo Carpentier escribirá en francés relatos surrealistas hasta que siente la necesidad imperiosa de expresar lo americano en su obra.

Vagabundos del alba serán en París el pintor Carlos Enríquez y el poeta Félix Pita Rodríguez antes de que lo fuera toda una legión de escritores y artistas cubanos que se deslumbran con Sartre y sus páginas sobre el compromiso intelectual, siguen con simpatía la guerra de liberación argelina y se entusiasman con el cine de la Nueva Ola.

El secuestro del obispo

Espejo de paciencia, escrito en 1608 —es el monumento más antiguo de las letras cubanas que ha llegado hasta nosotros— tiene a un francés como uno de sus protagonistas. Se trata de un personaje real, el corsario Gilberto Girón.

Los hechos que canta el poema épico-histórico **Espejo de paciencia** sucedieron realmente en 1604. El secuestro de fray Juan de las Cabezas Altamirano, obispo de Cuba, por el corsario francés Gilberto Girón cerca de las costas de Manzanillo. El Obispo logra ser liberado mediante el pago de un cuantioso rescate —dinero, carne, tocino y cueros. Entonces un grupo de 24 criollos y españoles decide lavar la afrenta y lo consigue. Se enfrenta a las fuerzas del francés y el negro esclavo Salvador Golomón da muerte al corsario, por lo que se le otorga la libertad. Ya para entonces, en 1555, otro corsario francés, Jacques de Sores, se había apoderado de La Habana y la destruyó antes de abandonarla.

A fines del siglo XVIII aparecía en Cuba la contradanza como consecuencia de la influencia francesa en las cortes españolas y la llegada de los primeros colonos franceses de Haití y Luisiana. En 1794, El Papel Periódico de La Habana, una de nuestras primeras publicaciones periódicas, reseña un baile oficial que comienza con un minué y prosigue con la contradanza. Años más tarde, en 1809, un artículo publicado en El Aviso de La Habana arremete contra los bailes de origen francés. De la contradanza dice que es «una invención indecente que la diabólica Francia nos introdujo». Un baile, prosigue, que es, en su esencia, diametralmente contrario al cristianismo, «hecho a base de gestos lascivos y una rufiandad imprudente… que provocan, por la fatiga y la calor que padece el cuerpo, la concupiscencia». Ya para esta fecha —inicios del siglo XIX— nacía la contradanza criolla. En esta se encuentran, dicen especialistas, las células iniciales de la habanera, el danzón, la guajira, la clave, la criolla y de otras modalidades de la canción cubana. El vals y la contradanza traídos por los inmigrantes franceses tuvieron pronto carta de ciudadanía entre nosotros.

Es París, en las décadas iniciales del siglo XX, uno de los primeros escenarios internacionales de la música cubana. Francia, que tradicionalmente había ignorado a América, empieza entonces a interesarse por las cosas de este continente y es la música cubana, con Moisés Simons y Eliseo Grenet por medio, la que abrió esa puerta. Son los días de **El manisero** y de **Mamá Inés**, una música, dice Carpentier, testigo de aquella explosión, que olía a batey de ingenio, a patio de solar, a puesto de chinos, a pirulí premiado… y que no era más que el son y la conga que irrumpían en teatros y cabarés. En su momento, Los Zafiros originales arrebatarían en el teatro Olimpia, de París, y Edith Piaf conquistaría nuevos incondicionales en sus noches del cabaré Sans Souci. Todavía en 1977 el Teatro de los Campos Elíseos, de París, sirvió de pista de despegue al cubano Jorge Luis Prats.

Francia disputa aún a Cuba la nacionalidad del eminente urólogo Joaquín Albarrán, que legó a su natal Sagua la Grande, ciudad de la región central de la Isla, su toga y su birrete de profesor de La Sorbona. Medalla de Oro en la Exposición Internacional de París obtuvo, en 1887, el proyecto que el ingeniero Francisco de Albear realizó para el acueducto de La Habana, una de las siete maravillas de la ingeniería civil cubana. Obras sociales y económicas importantes en la vida cubana, como el túnel de La Habana y el túnel de Quinta Avenida, fueron ejecutadas por empresas francesas.

También en la cocina

Lezama Lima, que conoció como pocos la cultura francesa, no estuvo nunca en Francia. El modernista Julián del Casal, seguidor de Baudelaire y Verlaine, invierte en un ansiado viaje a París la exigua fortuna que le lega su padre. Cruza el Atlántico, pero no pasa de España. Ha soñado tanto con la capital francesa que teme que la realidad lo desilusione, que su ensueño se desvanezca. Sin haber visto nunca un original de Moreau, Casal puede llevar al verso, en **Mi museo ideal**, diez cuadros del francés; una de las mejores colecciones de sonetos que existe en las letras cubanas. José Martí, en cambio, llegará a París al final de su primer destierro, en España, y conocerá a Víctor Hugo. Acababa el francés de publicar **Mes fils**, y la obra es la sensación literaria del momento. Martí se hace de su ejemplar y en su retorno a América, en la soledad silenciosa del Atlántico, lo tonifican, junto al aire de mar, aquellas reflexiones de Hugo sobre la tristeza del proscrito y el placer del sacrificio. En el siglo pasado Mariano Brull hará una traducción excelente de **Cementerio marino** y **La joven parca**, de Paul Valery. Cintio Vitier pone en español las **Iluminaciones**, de Rimbau. Y Lezama Lima asume la versión española de **Lluvias**, de Saint-John Perse. Hubo siempre, desde el siglo XIX, poetas nacidos en Cuba que adoptaron como propio el idioma de Francia y, en lugar de escribir en español, aspiraron a incorporar su nombre a las letras francesas. Uno de ellos, Armand Godoy, es el autor de la traducción fiel y armoniosa de poemas de José Martí que dio a conocer en 1937. Una labor meritoria en la enseñanza del francés acomete desde hace muchos años la Alianza Francesa, en tanto que la Unión Francesa, fundada en 1925, se esfuerza por agrupar a franceses residentes o de paso por Cuba.

La cocina francesa es uno de los afluentes de la cubana. Restaurantes como Le Vendome, Normandie, Mes Amis, La Torre y, sobre todo, El Palacio de Cristal, mantuvieron en La Habana, ya en el siglo XX, las glorias de la cocina francesa. Pese a que los cocineros extranjeros eran excepción en las casas cubanas, el millonario Óscar Cintas tuvo un chef francés en su residencia habanera para que atendiera su mesa en los tres o cuatro días que cada año pasaba en Cuba. También lo tuvo Agustín Batista González de Mendoza. En 1949, el dueño de The Trust Company of Cuba, considerada una de las 500 entidades bancarias más importantes del mundo, trajo de Francia a Sylvain Brouté, que había trabajado para celebridades como los Rothschild, la Princesa de la Tour D' Auvergue, el Conde de Vianne y Jacques Guerlain. Con el tiempo, Brouté rescindió su contrato con el matrimonio Batista-Falla Bonet y abrió su propio negocio, Sylvain Patisserie, repostería y buffet de comida fina francesa, en la esquina de Línea y 8, en el Vedado, que, ya muerto su fundador, daría origen a una exitosa cadena de establecimientos de pan y dulces. Un plato emblemático de la cocina cubana, la langosta al café, nació en París, y no pocos platos franceses se cubanizaron en La Habana al incorporárseles nuestras especias. Así, la langosta termidor cubanizada se sazona con ajo, ají guaguao, tomillo y mostaza, que le dan sabor y olor diferentes.

Napoleón tiene su palacio en La Habana. Es, en su tipo, el más importante museo que existe fuera de Francia. Nunca estuvo el Emperador en Cuba; llegó, sí, su mascarilla. La trajo Antommarchi, su médico durante el cautiverio de Santa Elena, que vivió y murió en Santiago de Cuba y fue inhumado en el cementerio de Santa Ifigenia, de esa ciudad.

Nos visitó asimismo el Duque de Orleans, futuro rey de Francia con el nombre de Luis Felipe I. Llegó en compañía de sus hermanos, el Duque de Montpensier y el Conde Beaujolais. La visita de los príncipes de Orleans fue un acontecimiento social. La Condesa de Jibacoa puso su casa a disposición de los franceses, pagó sus gastos y dio a Luis Felipe, a su salida de Cuba, una bolsa con mil onzas de oro.

Muy generoso fue asimismo don Martín Aróstegui y Herrera, que suministró a los príncipes en calidad de préstamo una bonita suma de dinero cuya devolución se negó a aceptar. Se dice que Luis Felipe se dirigía a él como «mi amigo Martín» y que le envió de regalo el retrato de su madre dibujado por David, cuando en 1838 el Príncipe de Joiunville, su hijo, visitó La Habana con dicha encomienda.

Vivió en La Habana María Antonieta de Francia. El imaginario popular situó su arribo a fines de la década de 1920. Vestida de blanco, deambula sin cabeza por el Salón de los Pasos Perdidos del Capitolio de La Habana. Nadie ha conseguido hablarle. Es extremadamente asustadiza y huye ante los extraños.

´Nota

*Confieso que la presente comunicación la hubiera querido haber llevado en el campo del desarrollo tecnológico que llevaron al corso Napoléon al logro de las más resonantes campañas militares, en particular mediante el empleo de la artillería en apoyo a la movilidad táctica de la infantería; creo que Francia aportó mucho al Caribe en general, y a sus posesiones coloniales en él y a Cuba, en particular, en el desarrollo de sus sociedades civiles , del entramado de sus vías de comunicación y en el desarrollo de la Medicina en particular con escuela de Odontología Pero lo más importante que aportó Francia fue en lo concerniente al dinamitado de la estreches de mente que España hizo prevalecer en la mayoría de sus posesiones coloniales; en su lugar instaló una mentalidad alejada del pensamiento burocrático y más cercana a la ingeniería civil indispensable para que un conglomerado humano se abriera paso en su época y no se quedase detrás de su época. Francia puso a las colonias y sociedades caribeñas a que flotaran al mismo nivel en que lo había alcanzado la propia Europa que Francia conquistó, valiéndose del proceso civilizatorio y una espiritualidad altamente asociadas las artes más refinadas incluidas las de las ciencias y la técnica. Poco se ha estudiado de la repercusión del pensamiento liberador e insurgente francés en la pedagogía, en la red de escuelas y la mentalidad de sus maestros que educarían a las generaciones encargadas de planear y ejecutar el largo proceso de independencia en la América hispana. Entonces se hace más visible la influencia francesa en los levantamientos de la sociedad civil en contra de gobiernos lacayos, de ciudades que se mantuvieron en rebeldía y en levantamiento armado en contra de las dictaduras, como Santiago de Cuba y en la guerrilla que se desarrolló en la Sierra Maestra y que dio paso al Ejército Rebelde y a una insurgencia que daría al traste con la tiranía de Fulgencio Batista.

....

ANEXO
De los franceses Registro bibliográfico en Cuba
Leonor Amaro Cano

Al revisar los trabajos dedicados a Francia por los

historiadores,

periodistas y escritores en Cuba se hace evidente

la   importancia   atribuida   a   las   grandes

personalidades francesas, a la repercusión de los

acontecimientos ocurridos en ese territorio y a la

influencia   del   asentamiento   poblacional   de

franceses en la isla, fundamentalmente en el siglo

XIX. Las huellas de los cafetales fundados, las

construcciones, la música, la moda en el vestir, la

agricultura, el baile, los objetos decorativos, el

grabado y la pintura, entre otras manifestaciones,

son testigos de los rasgos de la cultura francesa

que llegaron en distintos momentos. Asimismo se

puede apreciar la presencia de vínculos históricos

entre Francia y   Cuba que han sido objeto de

interés en el campo histórico cultural.

Si concordamos con Pierre Vilar en que "[…] el
objeto de la ciencia histórica es la dinámica de las
sociedades   y que en la materia histórica están
presentes los llamados hechos de masas, en los
cuales se incluyen   los hombres, bienes,
pensamientos, creencias y opiniones por lo tanto,
la   presencia de Francia a través de estos
diferentes prismas puede ser considerada

El propósito principal de este trabajo es reseñar el
aporte bibliográfico cuba- no y a la vez, precisar
algunas de las coyunturas que han favorecido la
divulgación de esta temática, no solo en libros y
artículos, sino también a través de actividades
académicas y culturales. Este repertorio no ha
logrado agotar todas las referencias. Los centros de
documentación y las bibliotecas de Santiago de
Cuba, Guantánamo, Cien- fuegos y Matanzas
cuentan también con estudios que pueden ser

incorporados para completar o al menos enriquecer esta revisión.

Preciso es indicar que esta recopilación tiene un antecedente. Ya en 1984, el interés por ordenar la información sobre el tema de los franceses en Cuba, quedó plasmado en un folleto publicado por la Biblioteca Nacional José Martí.

En este trabajo, bajo el título de "Francia en la bibliografía cubana", se recogía lo publicado en Cuba, por cubanos o extranjeros. Esta compilación fue realizada por Israel Echevarría, Elena Giraldez, Luis A. Argüelles y María Victoria Morales.

En esta ocasión presentamos, en una primera parte, los títulos más significativos siguiendo un orden cronológico y a la vez se indican los avances historio- gráficos que van expresando las obras en cuestión. Luego ordenamos la información en un sentido temático, pues los intereses políticos y culturales facilitan las publicaciones acerca de la cuestión francesa en múltiples formas y estilos.

Las primeras referencias

Comenzaremos por la literatura histórica de la época colonial. Las referencias primeras que encontramos sobre los franceses, bien de cubanos o de españoles, están asociadas al contrabando, para más precisión al corso. Los tex- tos indican que desde el siglo XVI los corsarios y piratas franceses atacaban el occidente de la isla, y La Habana, en particular, fue agredida en varias ocasiones. De ahí que aparezca como

"[...] otra resultante política de la continua presencia de los marinos galos en el Caribe en las órdenes mercantil y naval, la determinación de La Habana como centro de recogida de la plata real y de particulares procedentes de nueva España".[2] Pero este aspecto (presencia francesa) no estuvo nunca entre las inquietudes de quienes escribieron acerca de los primeros momentos de la Cuba colonial.

Las relaciones internacionales de la época, caracterizadas por los enfrentamientos de las metrópolis europeas por el comercio en el mundo americano nos relatan las luchas entre españoles, ingleses, holandeses y franceses, bien en calidad de representantes del Esta- do, bien como simples piratas. En las obras escritas en el siglo XVIII se hace referencias al acoso que sufre la isla, básicamente el puerto de La Habana.   Por esa época la persecución del con- trabando determinaba la eficiencia de los gobernantes, de ahí que el sistema de fortificaciones y la defensa de La Habana sea objetivo importantísimo   para las historias narradas.[3] Y es así cómo aparecen las primeras referencias a los franceses.[4]

Otra razón que vinculará las historias será el movimiento ilustrado y el reformismo borbónico, a partir de la llegada al trono español de Felipe V, nieto del Luis XIV de Francia, en tanto este movimiento ofrecerá más de una posibilidad de convergencia entre el gobierno colonial y los nacidos en la isla. Sabido es que los empeños reformistas de Carlos III llegaron a su más alta expresión en Cuba con don Luis de las Casas, y que desde 1761, al firmarse el Pacto de Familia, algunos súbditos franceses se habían podido instalar en Cuba amparados, entre otros, por la alianza hecha con vista a fortificar La Habana. Por esa vía, los franceses se diseminaron por todo el país, ejerciendoútiles profesiones —entre las cuales destacan la medicina, la odontología y la farmacia—, integrados a familias criollas y a la vida de la colonia, con la anuencia del gobierno colonial.

Diversas alusiones a Francia estarían determinadas por el proceso revolucionario de 1789. Este acontecimiento y su visión desde Cuba se registró en   numerosos escritos, quedando entonces una riqueza de fuentes documentales que sería utilizada posteriormente. En la isla, también se advirtió el comienzo de una nueva época, aunque de una forma bien compleja.

El estallido de la revolución y las noticias que se generaron alrededor de lo sucedido en Francia estremecieron a Europa. En el mundo colonial la tendencia fue de afirmación de la posición anti-francesa. Entre 1789 y 1815, España, por los vínculos dinásticos y los compromisos políticos que se crearon en Europa a partir de la política del equilibrio europeo, no mantuvo siempre la misma política exterior hacia Francia en lo concerniente a la seguridad colonial. Sin embargo, los gobernadores mantuvieron una línea estable en el sentido de tratar de alejar no sólo el peligro de una insurrección, sino de evitar cualquier tipo de contacto con las ideas de la revolución. Sirva de ejemplo que solo a cuatro meses del estallido revolucionario, el documento fechado en La Habana en noviembre 17 de 1789 obligaba a que "[…] los extranjeros no permanezcan en esta ciudad que prontamente regresen a sus respectivos designios", ya que "[…] se ha notado su contravención subsistiendo muchos aun cumplida la gracia de prórroga que por equidad se les ha concedido […]".[5] Y luego, en 1790, se prohíbe la llegada de embarcaciones bajo ningún pretexto, evitando por esta vía el arribo de noticias que propiciaran una idea de lo que estaba sucediendo en Europa a partir de las medidas de la Constituyente.

A partir de la jornada del 10 de agosto de 1792, y mucho más con la agitación girondina a favor de la guerra y las medidas tomadas en el año 1793, desde el ajusticiamiento del rey Luis XVI el 21 de enero de 1793, hasta la instalación del terror revolucionario, las repercusiones internacionales de la revolución francesa se registraron con mayor fuerza. Por ello era lógico que entre estos años aumentara la preocupación tanto por impedir cualquier comunicación con los europeos simpatizantes de la causa revolucionaria como por apoyar todo movimiento en contra de Francia. De todas maneras, la influencia de este proceso quedaría en la mentalidad de las personalidades cubanas. Bastaría mencionar la impronta de los símbolos de la revolución francesa en los emblemas nacionales.[6]

De todo lo ocurrido lo más alarmante para los grandes propietarios cubanos ha sido el movimiento de rebeldía del esclavo iniciado en 1791. A partir de esa fecha, Cuba devendría en un centro receptor de población emigrada, tanto de franceses como de esclavos traídos por sus amos, y por ello las noticias no tienen un valladar. Lo ocurrido en Haití será dominio de todos, con diferentes interpretaciones.

Por eso, si tuviéramos que decidir cuál es el período que más ha interesa- do a los estudiosos cubanos sin dudas serían los años de la sublevación haitiana. Desde ese momento, razones históricas hicieron de Haití y Cuba los dos polos del amplio espectro caribeño, al ser la primera y la última de las "islas dolorosas" como las llamara Martí, en que fueran emancipados los esclavos de origen africano. En cuanto a la existencia misma de la esclavitud, todo lo que se desprendió de las ideas de libertad de la revolución francesa de 1789 y la revolución haitiana de 1803 ligó estos procesos en las reflexiones de los pensadores cubanos desde esa época hasta hoy.

También influyó en este interés el hecho de que a partir del siglo XIX la visión compasiva que algunos habían tenido del negro esclavo varió radicalmente, precisamente por los acontecimientos de la revolución. La rebeldía convertiría al negro en figura colosal y pavorosa. De la existencia literaria, el hombre negro pasó a convertirse en algo muy concreto y en extremo peligroso.

Esta etapa de la vida colonial –tan importante en la vida política– que será bien analizada por los historiadores posteriores, no contó en sus inicios con estudios particulares. Incluso estos procesos migratorios desde Francia hacia Cuba durante esta etapa no cuentan con una bibliografía que permita un enfoque cronológico y distintivo de las emigraciones, entre otras cosas, porque el flujo está asociando a un estado de guerra y ello hace difícil el estudio de las licencias de pasajeros desde Francia, en tanto la mayor parte de los traslados se realizan de forma clandestina. De igual forma, hay etapas poco estudiadas en ese sentido como es el período de dominio de la Santa Alianza que tantos movimientos poblaciones produjeron.

Las historias del siglo XIX escritas por los cubanos, impulsadas muchas de ellas por la Sociedad Económica de Amigos del País, tienen temas medulares: la toma de La Habana por los ingleses primero, y luego, luchas políticas por la emancipación. En ese contexto, el análisis de los componentes étnicos no tiene espacios de interés. Sin embargo, de estos años datan los trabajos de Antonio de Gordón y Acosta, historiador médico que resalta la importancia de las técnicas francesas en este campo de la ciencia médica y que son utilizadas por los médicos en Cuba. Este autor recogió la constancia de las inscripciones de los médicos franceses en el protomedicato para poder ejercer y analizó las publicaciones médicas con carácter periódico de la época, las que de alguna manera también reflejaban las noticias que llegaba de Francia.

De gran importancia son también los relatos *Memorias de un matancero,* de Pedro Antonio Alfonso, publicados en 1854, constituyen un buen ejemplo importante de lo significativo de las recordaciones de época.

Otra referencia de interés la aporta la historia escrita por los extranjeros. La mirada de estos se detiene no solo en aspectos de la vida cotidiana. Y como este tipo de relato de viajes es básica- mente literatura de espacios culturales, registra muchos otros aspectos, sobre todo en sus descripciones de las casas de las plantaciones. Así, la hispanista francesa, María Plumier señala que "[…] en 1895 los mayores centrales de Cuba están en manos de extranjeros: norteamericanos, ingleses, franceses".[7] Por su parte, la novelista sueca Fredrika Bremen, quien fuera invitada a Cuba por una familia de emigrados franceses, nos brinda información sobre estas familias y la organización del trabajo en ese mundo de plantadores de café,[8] y Francis

Robert Jameson precisa que en Cuba "[...] entre los extranjeros predominan los franceses, que son los más cultos".

Entre las apreciaciones cubanas sobre Francia en este siglo figura la de José Martí.[10] No se trata de una literatura histórica en términos exactos. En primer lugar porque poco pudo apreciar Martí sobre este país durante su breve estancia. Bien sabido es que Martí fue un hombre marcado por la simbología de la revolución francesa de 1789, sobre todo por el pensamiento de la Gironda.[11] Su admiración por la gran obra de Francia se aprecia en toda su obra, así como en las actividades que realizó a través de su vida.[12] A lo largo de escritos, cartas, discursos, crónicas y semblanzas, Martí hace evidente todo lo que conoce de este país y de sus hombres. Mucho admirará al pueblo francés que "[...] en la política ha producido la edad moderna, y en la ciencia la útil ciencia libre",[13] elogiará en numerosas ocasiones la conducta ciudadana de los franceses y se encantará ante la obra literaria y artística de este país. Fue notabilísima la precisión que alcanzó en la historia de este país,[14] con lo cual pudo seguir todos los debates que se produjeron en la tercera república.

Estudios en el siglo XX de la inmigración e influencia de los franceses

Luego, en el siglo XX, si bien el problema nacional ha sido el tema privilegiado por los autores,[15]el hecho de tener que identificar sus orígenes en la época de la colonia obligó a muchos de ellos a incorporar el tema de la inmigración para determinar los elementos esenciales de la identidad. Pese a ello, este tipo de estudio no tendría muchos seguidores, al menos hasta la década del 40 cuando despunta el criterio de que el poblamiento es "[...] la base humana que constituye, en esencia, el principal componente de la actual [16] nación cubana".

Decía Oscar Pinos Santos por los años 50 que "[...] para estudiar la economía cubana no hay como asomarse a la historia de un proceso

[17] Pero esto ya había sido

inmigratorio". apreciado por otros historiadores. En 1907, Francisco Figueras, en su libro *Cuba y su evolución colonial,* había señalado que la civilización de Cuba fue realizada por medio de tres saltos, y el segundo de ellos había sido la llegada de los franceses de Haití y dela Loussiana a fines del siglo XVIII.[18] Aun cuando hay un reconocimiento de la importancia de las migraciones, y como fenómeno no solo se hayan percatado de ello los historiadores, sino también literatos y poetas,[19] realmente no ha sido una temática tratada de forma intensa.

Dos años después, Gonzalo de Quesada publica *Emigraciones. Francia, Portugal, Suiza,* en donde presenta un estudio de la emigración francesa durante el siglo XIX y principios del XX. Este diplomático cubano se interesa por el comportamiento migratorio de   varias regiones de Europa, pero en el caso de los franceses reconoce que a Cuba, en el siglo XIX "[...] casi de golpe llegaron de 25 a 30 mil individuos de nacionalidad francesa".[20] Su mayor interés es hacer un registro de   la emigración que se produce en el   siglo XX y ofrecer cifras de inmigrantes asentados en las distintas provincias de Cuba.[21] Asimismo señala que en el quinquenio 1903-1907 arriban a Cuba 1 324 franceses, aunque no aporta ninguna información sobre las causales de   este movimiento. No obstante, señala la existencia de "[...] dos puertos de Francia de donde parten líneas directas del Havre, la Hamburguesa-Americana que cobra 200 francos en tercera, y la compañía Trasatlántica Francesa, 212.50 francos y de Saint Nazaire la última compañía, que cuesta igual suma. Recientemente se ha establecido un servicio mensual, de Burdeos".

También por estos años, pero como estudio local aparece la obra de Emilio Bacardí *Crónicas de Santiago de Cuba*.[23] Su valor reside en la información acerca de los componentes sociales y las costumbres de una época, pues el historiador en ese caso no se eleva sobre la observación del hecho. Publicada por primera vez en 1909 en Barcelona, España, refiere el momento de establecimiento de los franceses en esta región de la isla. Este autor, quien consideró que la historia de un pueblo se encarna también en "[…] lo pequeño y lo grande que se entrelazan de manera tal, que no es posible pasarlos por alto",[24] nos ofrece información de muy diversa índole.

Por él conocemos de las regiones donde se desarrollaron los cafetales, la gran prosperidad[25] que brindan estos nuevos inmigrantes entre 1792 cuando solo se registraban 1 500 habitantes en Santiago de Cuba hasta 1808 donde se hace evidente el aumento demográfico llegando a tener la ciudad 20 000 habitantes. Asimismo, registra desde el proceso de naturalización de los franceses hasta las modas que va introduciendo esta población bien diferente de la hispana.

De igual forma, en su novela *Vía crucis*[26] hay varias referencias a costumbres francesas. Detallada es la descripción de la tumba dentro de la fiesta de San Juan, en una sala de trillar café convertida en salón de baile para distracción de los esclavos. Su descripción del baile, la presencia del rey y la reina, las banderas españolas y francesas, y el bastonero que con- duce el baile ha servido de guía para mantener la coreografía tradicional en estas fiestas.

José María Callejas publica en 1911 *Historia de Santiago de Cuba* y en sus relatos aparecen los hechos que evidencian los aportes de los franceses a la cultura de oriente, en particular a esa ciudad. Resalta la contribución al teatro, y señala que "[…] no faltando entre ellos muchos amaestrados en los dramas, se les inclinó a levantar un teatro provisional de guano, pero lo ejecutaron con tal primor y arreglado al arte que llamó toda la atención de la población".

Revisando el comportamiento historiográfico cubano, Oscar Zanetti advierte que "[…] los años 40 y 50, sobre todo los primeros marcan un momento de auge en el movimiento historiográfico cubano, el cual se expresa no tanto en la envergadura y alcance de las publicaciones como por la cuantía y diversidad de éstas".[28] Y Carmen Almodóvar subraya el papel de la Academia de la Historia, la cual "[…] pretende, ante todo, retomar y desarrollar la labor iniciada por la Real Sociedad Patriótica de La Habana un siglo atrás".[29] Así, desde la primera década del siglo XX "[…] esta diligente labor se ve coronada por el éxito, las Memorias de la referida institución recogen en su seno decenas de historias locales escritas a mediados del siglo XIX, que aportan datos de pueblos y ciudades de Cuba que podían contribuir en un futuro, a la elaboración de la „año- rada" historia general de la Isla".[30] En esa atmósfera se desarrollan además jóvenes de izquierda como José Antonio Portuondo que participa en 1937 en un Curso de introducción a la Historia de Cuba, en el cual le dedica un capítulo a "La inmigración francesa. Fomento de los cafetales. Las nuevas ideas".

En esta diversificación de la producción histórica "[…] la historia local y regional retoma vuelo con obras de concepción tradicional", apunta Oscar Zanetti.[32] Con la marcada impronta positivista en esta década se inscriben los trabajos de Emeterio Santovenia. Con un carácter básicamente descriptivo, este autor incursiona por rumbos que relacionan la historia de Cuba con la de Francia. En esta línea se encuentran los trabajos *Víctor Hugo y Cuba,* editado en 1933, y *El espíritu francés y la nación cubana* que aparece en 1937.[33]

Pero no todo tiene el calificativo de historia tradicional. Hay intentos de establecer otros análisis. Así, refiriéndose a la impronta regional en la zona oriental nos encontramos con interesantísimas evaluaciones que ofrece el ingeniero Eduardo I. Montoulier en su trabajo "La influencia cultural francesa en la provincia oriental", que fuera publicado en la *Revista de la Sociedad Geográfica de Cuba* en 1932.[34] Se puede hablar en esta ocasión de una especie de estudio de caso relacionado con la incalculable riqueza[35] cafetalera francesa en la zona sur de Oriente del siglo XVIII y XIX.

Las condiciones de la década del 40 y el compromiso intelectual en que se implicaron muchos de los historiadores cubanos se tradujeron en un florecimiento para la historiografía cubana. Se

cita a J. M. Pérez Cabrera y a Francisco Ponte Domínguez que "[…] nutren también la literatura histórica de la época con monografías breves y estudios biográficos de corte más o menos tradicional.[36]

Francisco Ponte Domínguez, aboga- do matancero especializado en historia política, incursiona por primera vez en el tema de los franceses en Cuba con un artículo que apareció en la revista *Universidad de La Habana* titulado

"Francia y la historia política de Cuba

(siglo XVI)".[37] Luego, en 1947 publica "La Junta de La Habana en 1808".[38] En este libro el tema principal es el análisis del comportamiento de la población de La Habana y las medidas políticas tomadas por la nueva Junta. Según el autor, el gobernador de la isla comprendió la difícil situación que se presentaba a una corona inexistente y puso su mayor empeño en el mantenimiento de la paz pública en el país, y en evitar que se atizara el odio entre los pobladores. Uno de sus primeros actos fue impedir los excesos contra los franceses, pues sabía que a la larga podían ocasionar desórdenes y confusión. Por eso en su alocución del 17 de julio del citado año hizo saber: "[…] vuestra inevitable inquietud, para que excuseis todo estrepito y desorden y para que os abs- tengais de inferir la mas leve vexacion á los pacíficos laboriosos y utilísimo franceses nuestros compañeros y ami- gos, que han buscado y han encontrado en nuestro seno el sagrado asilo de una fraternal hospitalidad [...]".

Con esta misma línea de investigación, Ponte Domínguez publica en 1948 *La huella francesa en la historia política de Cuba*.[40] Este libro representa una avanzada casi pionera en cuanto a revisar a través de toda la historia de Cuba la influencia de los franceses en el país. El trabajo fue el discurso de este abogado matancero para ingresar en la Academia de Historia de Cuba. El autor, muy destacado por la diversidad de su producción historiográfica, reconoce su interés particular por la materia al expresar: "[...] en la selección del tema he procurado, ante todo, evidenciar mi preferencia al examen de hechos que jalonan el proceso civilizador de nuestro pueblo".[41]

En el libro se presenta una ruta de los nexos entre Francia y Cuba des- de los ataques de los corsarios hasta la segunda guerra mundial, pasando por temas tan interesantes como la influencia francesa en la guerra de independencia cubana en 1868.[42] Comienza su estudio por las relaciones en el comercio "A fin de proteger el tráfico marítimo del peligro de los corsarios franceses, en el trabajo cita el año 1521 cuando el Emperador de España organiza una „Armada de Defensa", compuesta de cuatro o cinco navíos encartados de convoyar las expediciones que transportan las riquezas del Nuevo Mundo",[43] pero pone su mayor atención en el fenómeno migratorio luego de la sublevación de esclavos en Haití. Subraya la relación entre amo y esclavo del mundo haitiano, relación que posteriormente se describirá en el caso del hacendado francés asentado como patriarca, lo cual demuestra cierta ingenuidad por parte de los historiadores. En la descripción de Ponte Domínguez los nuevos colonos traen en sus maletas, para desdicha de los infelices esclavos, un instrumento abominable: el foete.

"Con él ejercitarán bárbaros flagelos, como castigo de faltas pueriles, a inermes y apacibles siervos".[44] Asimismo subraya la posición de desventaja que tendrán los franceses emigrados cuan- do Napoleón ocupe España. Al respecto ofrece datos concretos, aunque no precisa las fuentes, que tal parece son las publicísticas. Según el autor, "[…] los vecinos de La Habana presencian, el 21 y 22 de marzo de 1809, el atropella- miento de franceses; y llega al límite muy pronto, con la expulsión de seis mil de aquellos laboriosos y utilísimos colonos procedentes de Haití. Poco importa la prosperidad que han brinda- do a las comarcas orientales de Cuba y también a San Nicolás, Alquízar y las riquezas del Nuevo Mundo",[43] pero pone su mayor atención en el fenómeno migratorio luego de la sublevación de esclavos en Haití. Subraya la relación entre amo y esclavo del mundo haitiano, relación que posteriormente se describirá en el caso del hacendado francés asentado como patriarca, lo cual demuestra cierta ingenuidad por parte de los historiadores. En la descripción de Ponte Domínguez los nuevos colonos traen en sus maletas, para desdicha de los infelices esclavos, un instrumento abominable: el foete.
"Con él ejercitarán bárbaros flagelos, como castigo de faltas pueriles, a inermes y apacibles siervos".[44] Asimismo subraya la posición de desventaja que tendrán los franceses emigrados cuan- do Napoleón ocupe España. Al respecto ofrece datos concretos, aunque no precisa las fuentes, que tal parece son las   publicísticas. Según el autor, "[…] los vecinos de La Habana presencian, el 21 y 22 de marzo de 1809, el atropella- miento de franceses; y llega al límite muy pronto, con la expulsión de seis mil de aquellos laboriosos y utilísimos colonos procedentes de Haití. Poco importa la prosperidad que han brinda- do a las comarcas orientales de Cuba y también a San Nicolás, Alquízar y Artemisa en la región".

Otro destacado investigador de esta época que se acercará al tema con interés será Julio Le Riverend, quien confiesa que "[…] por conexiones familiares francesas, le interesaba lo que se refería a Francia".[46] Sirva de ejemplo el trabajo presentado al Primer Congreso Nacional de Historia en septiembre de 1942, el cual referido, fundamentalmente, a los problemas económicos de esta circunstancial relación con Francia.[47] Su ensayo titulado "La economía cubana durante las guerras de la Revolución y el imperio francés (1790-1808)" escoge el problema histórico de la economía cubana en el período napoleónico y analiza las posibles connotaciones que tuvo para Cuba la interrupción del comercio.

En relación con el intercambio comercial destaca el autor que de los Estados Unidos habían llegado siempre productos muy necesarios y abastecían también a la isla de los géneros de Europa. En ese sentido, las guerras convenían porque en ese momento "[…] se abrían los puertos a los aliados y neutrales y la normalidad del intercambio producía influencias notables en el país.[48] Pero las guerras de la revolución y del imperio francés interrumpieron el proceso, empobreciendo a la metrópoli y alejando a las colonias. Luego, para los criollos "[…] un mundo de comodidades y perspectivas nuevas se abrió ante ellos merced a la influencia de las diversas fuerzas que se debatían en las cuestiones europeas […]". De todo este conflicto, en Cuba saldrían distintas posiciones: britanizantes, afrancesados, bonapartistas, jacobinos y autonomistas, porque tanto el bloqueo continental dispuesto por Napoleón, como el embargo decretado por los Estados Unidos (diciembre 1807) en represalia ante los maltratos de los europeos, afectaba a Cuba por la pérdida del comercio, y sobre todo por el aumento de los precios de los negros. Ya desde octubre de 1795, el *Papel Periódico de la Havana* informa que "[…] los ingleses llevan los negros de Jamaica a Batabanó por 6 pesos por cabeza y los españoles 214 o 16 pesos por cabeza" y que "[...] en 1807 los esclavos se venden entre 180 y 250 pesos".

Lo más significativo de este trabajo es precisamente el vínculo que el autor establece entre el contacto con los franceses y las actitudes políticas que se derivan de ello. Sobresale su carácter ensayístico, que además de develar hechos, revela los juicios personales del autor.

En la época de grandes reformas y cambios institucionales que se produjeron en Cuba, como fueron los años 40, la historia que se escribe –sin dejar de ser erudita–, se enrumba en algunos casos por el camino crítico de los problemas históricos. Las formulaciones de muchos historiadores descansaron en el análisis de las condiciones geo- gráficas y del componente poblacional. También, el contexto internacional fue un factor tomado en consideración para explicar el desenvolvimiento del país.

A partir de ello, un grupo de historiadores centró su atención desde el punto de vista social en la esclavitud como problema histórico, y ello permitió relacionar la temática de las raíces étnicas. Básicamente se contraponen el componente hispano con el negro, lo cual está presente en las obras de Fernando Ortiz y Elías Entralgo y luego de sus seguidores como Fernando Portuondo, José Luciano Franco y Raúl Cepero Bonilla. En este caso, otros componentes étnicos no son privilegiados por la historia. No obstante, el cruce histórico entre la revolución francesa, la independencia de Haití y Cuba aparecen en obras generales como el *Manual de Historia de Cuba* de Ra- miro Guerra, y la *Historia de Cuba (1492-1898)* de Fernando Portuondo del Prado, sin llegar a plantearse estos problemas en el plano de los cambios internacionales. De esta misma manera tratan el tema otras historias generales más recientes. Por ejemplo Leví Marrero[50] se refiere sobre todo a la inteligente política inicial de acoger a los colonos franceses –en gran número pardos criollos– desarrollada por el gobernador de Santiago de Cuba, Sebastián Kindelán (1799-1810), y el capitán general Marqués de Someruelos (1799-1812) y a la invasión de España por Napoleón que "[…] creó una hostilidad absurda contra los franceses, muchos de ellos naturalizados españoles. Al partir los refugiados por millares, en particular hacia Louisiana, abandonaron los cafetales en pleno desarrollo. La mayoría no regresó".[51] Al autor en este caso le interesa la política interna de Cuba, por lo que trata el tema de manera tangencial. No olvidar que "[…] no sólo el historiador está en la historia, sino que forma parte de la historiacon la región francesa de Santo Domingo, a partir de 1891(52).

Al investigador José Luciano Franco, su interés particular por el movimiento conspirativo y los problemas de la esclavitud y del hombre negro lo hará indagar en las relaciones que se establecen
con la región francesa de Santo Domingo, a partir de 1891. La preocupación española por el posible contagio revolucionario es registrada documentalmente por él desde 1794,[53] así como las primeras manifestaciones contra los franceses al ocupar Napoleón a España en 1808.[54] Si bien esta temática no es la que trabajó el autor en su quehacer historiográfico, en más de una ocasión incursiona sobre los hechos ocurridos entre 1791 y 1818 que vinculan a Cuba con lo que está ocurriendo en Francia o en la colonia francesa. La mayor in- formación en ese sentido está recogida en su obra *Política continental americana de España en Cuba. 1812-1818,* publicada en 1964.[55]

La actividad divulgativa en esos años también es intensa. Las revistas dedican importantes espacios a comentarios históricos. Y en las revistas cubanas hay muchísimas referencias a Francia. Salvador Bueno publica en 1952 un interesante artículo titulado "París en la literatura cubana",[56] donde resume la impronta de esta ciudad como síntesis de la cultura universal. También aparecen trabajos de investigación histórica como el estudio "Tres tipos de cafetales en San Marcos de Artemisa", de M. Isidro Méndez en 1947.[57]

En el campo de la medicina el aporte francés no escapa a los estudios de los historiadores médicos. El doctor José A. Martínez-Fortún y Foyo, miembro de la Academia de la Historia y de la Academia de Ciencias Médicas, Físicas y Naturales de La Habana, escribe entre 1949 y 1955 *Cronología Médica Cubana. Contribución al Estudio de la Historia de la Medicina en Cuba,* y en estos cuadernos relata los aportes de los médicos franceses, así como la importancia de las farmacias pertenecientes a las familias de emigrados, bien de Francia o de Saint Domingue.

La época revolucionaria y la renovación en el ámbito historiográfico

El triunfo de la Revolución cubana produce cambios en el campo de la construcción histórica tanto por las problemáticas que se estudian

Interesantes también son sus observaciones en cuanto a las técnicas de trabajo empleadas por los franceses, sobre todo al establecer comparaciones en el cultivo del café en diferentes regiones de Cuba. Establece puntos de confrontación con los estudios arqueo- lógicos que por esos años realizaba el Departamento de Antropología de la Academia de Ciencias de Cuba. El trabajo *Los cafetales coloniales de la Sierra del Rosario*[63] de los arqueólogos Ernesto Tabío y Rodolfo Payares sirven a Pérez de la Riva para demostrar que la clave del éxito del cultivo se relaciona con las instalaciones hidráulicas utilizadas en la parte oriental y no así en occidente, más que con el elemento poblacional.

Registrar el aporte de los franceses a la economía cafetalera será también el interés de Francisco Pérez de la Riva,[64] quien desde su condición de estudioso de este tipo de cultivo en Cuba indaga al respecto en distintas obras, funda- mentalmente en *El café. Historia de su cultivo y explotación en Cuba.*[65]

Por estos años también aparecen interesantes trabajos en revistas y periódicos. Boytel Janbú nos informa sobre la "Restauración de un cafetal" en 1961, en tanto Raúl Aparicio escribe "Franceses en Batabanó".

De forma paralela a estos estudios que atañen más bien a enfoques de carácter sectorial o local, se siguió produciendo una historia que buscaba revisar los aspectos controvertidos de la formación de la nación cubana. Y en este sentido se hacen observaciones en cuanto a la inmigración como punto de partida para acercarnos a los elementos definitorias de la identidad. Por ejemplo, Carlos Chaín, en su obra *Formación de la nación cubana,* señala que "[...] la emigración que recala en tierra cubana compuesta por los esclavistas de Haití, aporta avanzada técnica de cultivo en virtud del progreso tecnológico de su Metrópoli, que sin duda era muy superior a la de España",[67] aunque el autor reconoce que los emigrantes no fueron los de ideas más avanzadas, todo lo contrario. La libertad para ellos había tenido resultados nefastos. Y si bien "[...] franceses de Haití y españoles de Santo Domingo son los que vienen a colaborar con el auge económico de la Isla [y] se trata de una emigración de superior cultura a la asentada en la Isla, [con] aportes técnicos y culturales se convierten en motor para el desarrollo de la plantación, [por lo que] la Factoría deviene en Colonia".

Otros cambios en la manera de ver la historia contribuyen a la ampliación en los campos de investigación. La historia de las mentalidades, defendida por los seguidores de Marc Bloch, en contraposición crítica frente a la tradicional "historia de las ideas" rompe radicalmente con el criterio de que esto incluye la historia de grandes artistas o pensadores.[69] Si es bien cierto que esto ha permitido bajo esta concepción la proliferación de investigaciones consideradas como poco profundas, también ha permitido estudios de imaginarios, vida cotidiana, historia folklórica que se requieren para completar la historia de muchas regiones.

El estudio de la inmigración francesa, al igual que la hispana a partir de los años 80 incrementa sus resultados se debe a diversas razones. En primer lugar se han incrementado los intereses locales en el trabajo histórico y metodológico, y las migraciones así como el problema étnico aparecen como contribuyentes tanto para "[...] la tipificación como para la singularización de las regiones".   Por otra parte, la importancia que van logrando las disciplinas de etnología, antropología y demografía étnica para el estudio del pueblo cubano logra impulsar estudios sobre los   grupos poblacionales, entre los cuales   figuran las oleadas de franceses.[71]

Tampoco podemos desconocer las contribuciones de las provincias, y   en este caso deben destacarse las investigaciones que se realizaban en la Universidad de Oriente, la cual contaba con una larga tradición de estudios en el campo de la Historia.[72] Estudios regionales tratarían, como es lógico,   la presencia francesa en esa área. La historiadora de Santiago de Cuba, Olga Portuondo Zúñiga, portadora de un fuerte trabajo de investigación regional tiene también numerosos trabajos relacionados con la influencia de los franceses. *Santiago de Cuba, los colonos franceses y el fomento cafetalero (1798-1809)* y *Santiago de Cuba desde su fundación hasta la Guerra de los Diez Años* son una muestra de las   mayores contribuciones. Otras indagaciones de esta autora incursionan en la vida social, lo que le permita apreciar el intercambio "[...] de las recepciones íntimas donde se mezclaban las aristocracias española y francesa o de los asaltos amistosos en los que se danzaba hasta el alba.[73] Luego en el 2004, al calor del bicentenario de la independencia   de Haití, fecha que propició numerosos encuentros entre especialistas, publica "Sin sombra donde apoyarse".

Del mismo modo en ese sentido   apunta la obra del historiador e investigador de la Casa del Caribe, Rafael Duharte. En su artículo "La huella de la emigración francesa en Santiago   de Cuba," uno de los aspectos más interesantes es la descripción de la casa-almacén y los acueductos, pues básicamente se trabaja el mundo rural. Luego este trabajo fue ampliado y publicado bajo el título "La huella francesa en Santiago de Cuba" en 1988. En él se afirma que "[…] los franceses   ejercieron una notable influencia sobre la comunidad santiaguera. Las modas y costumbres francesas, el estudio del idioma francés, la venta de horchata por las calles, etc., se hicieron populares". En ambos autores hay un registro   de los aportes franceses a la cultura santiaguera. Conocedores de que "[…] los hechos humanos son esencialmente fenómenos muy delicados y muchos de ellos escapan a la medida matemática",[76] y aunque no puedan ofrecer datos exactos sugieren la relación que evidencian los documentos de la época. En este caso prima el apego a la información documental sin que se incorporen otros métodos y técnicas. Y, la investigación de la llegada de los franceses luego del acontecimiento de 1789 subraya la entrada de hombres con oficios y profesiones de mucha utilidad: miniaturistas, pintores, constructores, médicos, modistas, impresores, músicos, maestros, artesanos y agricultores dejaron sus experiencias en esta zona de Cuba.
También por estos años –década del 80 del siglo pasado– inicia sus trabajos Laura Cruz Ríos. Interesada   en el estudio de la llegada masiva de extranjeros a la región oriental en las primeras décadas del siglo XIX, a tenor de las recomendaciones del ayuntamiento, el consulado y la Sociedad Económica de La Habana, que había editado una Real Cédula el 21 de octubre de 1817, impresa en español, francés e inglés, y publicada en La Habana al año siguiente con el objetivo de fomentar la población blanca del país con españoles de la península o de las Islas Canarias, y a falta de estos con   europeos de potencias amigas,

concediéndoles así toda una serie de ventajas y exenciones de impuestos, entre los que figuraban el estar exceptuados de la paga del diezmo, del derecho de Alcabala en las ventas de sus frutos y efectos comerciales.[77]

Aunque volveremos a hablar de la obra de esta especialista, es interesante la reconstrucción que ella fue logrando de la unión de acción y cooperación mutua económica entre dos grandes ciudades: Burdeos y Santiago de Cuba.

De esta interrelación se materializó la exportación de los principales renglones económicos santiagueros a esta ciudad francesa u otros lugares de Europa, y de esta manera llegaron sus adelantos, conocimientos, costumbres, mercancías, favorecidos todos por el activo intercambio entre los puertos de ambas localidades.[78]

Otro factor que debe incluirse en este recuento es la ampliación de las predilecciones investigativas en otros grupos profesionales no dedicados exactamente a la historia, pero sí atraídos por el trabajo de rescate de todo lo patrimonial, es decir por las tradiciones y   costumbres. Estimulante ha sido el trabajo de rescate organizado por algunas familias que quieren preservar su   patrimonio genealógico, así como la   reconstrucción de la historia musical. Estos estudios particulares constituyen también esfuerzos por contextualizar las manifestaciones artísticas de origen francés. Vale citar entonces la obra de Olavo Alén *La música de las sociedades de tumba francesa*, quien ha llevado a cabo una seria investigación en los archivos que le permite indicar   que cada baile posee sus toques correspondientes y, a la vez, explicar cómo se fue imponiendo un tipo de baile a pesar de las restricciones, pues "[...] el cocouyé francés fue suprimido en Santiago de Cuba por el jefe de la policía el 27 de abril de 1878 porque promueven gran algazara y contienda".[79] En un trabajo anterior el autor había llamado la atención acerca de la denominación de franceses. En Cuba, indica, a los haitianos negros o mestizos se les llama franceses, así como a los esclavos comprados por los franceses residentes en la isla.[80]

Otra especialista del patrimonio musical que ha abordado el estudio de la influencia de la cultura francesa es Virtudes Feliú Herrera, quien en su   libro *Fiestas y tradiciones cubanas* (2003), editado por el Centro de Investigación y Desarrollo de la Cultura Cubana Juan Marinello, expone las influencias recibidas, sobre todo en la región oriental de Cuba, mantenidas hoy en las costumbres familiares, y a veces sociales.
Los registros más favorables los encontramos en relación con la zona oriental. Así, en las historias de las principales ciudades hay alusiones a la llegada de los franceses. En 1977, Castro Lores en sus estudios sobre Baracoa, precisa que "[…] más de   cien familias [francesas] establecieron allí sus domicilios, mejorando   con su iniciativa industrial a aquella atrasada población que entonces am- paraba a muchos corsarios españoles y franceses".[81] Sin embargo, no hay empleo de técnicas nuevas para la de- mostración de estas evaluaciones que se repiten en casi todas las regiones. En ese mismo año, la revista *Santiago* publica un trabajo de Jorge Berenguer "La inmigración francesa en la Jurisdicción de Cuba".
Pero no solo economistas e historiadores han tratado el tema. También especialistas de la cultura. Tal es el caso de Carlos Padrón.[83] Su primer trabajo se ciñó a un registro de los franceses en el suroriente de Cuba. Publicado en la revista *Del Caribe,* ha contribuido a la localización de las familias asentadas en esta región.[84] Posteriormente,   a partir de numerosos ensayos sobre el teatro y la cultura se acerca al estudio de la presencia francesa en las regiones que hoy comprenden las provincias de Camagüey, Ciego de Ávila, Guantánamo y Santiago de Cuba. Este autor indica la diversidad de la inmigración tanto desde el punto de vista de las profesiones como en cuanto a las regiones receptoras. Para él "[…] muchos habían nacido en Saint-

Domingue, pero una   tercera parte de los blancos procedían,   en primer lugar del Bearne, Bretaña, Normandía y Picardía; otros, de Anjou, Poitouy y Gascuña".[85] Advierte además que "[…] algunos lograron traer con- sigo parte de los esclavos de sus casas y haciendas, pero la mayoría llegó a Cuba arruinada. Habían sido trasplantados violentamente de la colonia más floreciente del Caribe a una de las más atrasadas".

Interesado en particular por la impronta cultural de estos grupos en Santiago de Cuba, el autor destaca la rápida prosperidad que alcanzan estos refugiados, sobre todo en la calle del Gallo (La Grand Rue) en el barrio de La Marina, considerada en realidad la francesa por su actividad y costumbres. También analiza el significado que ten- dría Cuba como lugar de asentamiento para estas familias, en tanto aquí recuperarían el bienestar económico: "Tal llegó a ser la fuerza de la comunidad francófona, que en los años treinta Francia es la nación que compra la mayor cantidad de productos que salen de los puertos orientales".[87] Resultado de   los logros productivos se registra en la   primera mitad del siglo XIX un intenso intercambio con regiones francesas. Así "[…] en 1843 se establece formalmente una ruta naviera Burdeos-Antillas Francesa-Santiago-Burdeos".[88]
Otro aspecto interesante del trabajo es la caracterización de la presenciafrancesa en cuanto a forma de trabajo y de vida. Apreciaciones como "[…] los amos no eran absentistas como sus colegas hispanos", y la distinción del trabajo de los cafetales donde "[…] los esclavos de estas haciendas eran mucho mejor tratados que los de las plantaciones cañeras", así también que "[…] los esclavos del cafetal podían manifestarse con mayor libertad y desarrollar sus expresiones   culturales como ventaja sobre los de los ingenios y estancias" apuntan a caracterizar al esclavo francés con diferencias, e incluso con mayor distinción que otros.[89] Otros autores cubanos indican que esa forma de vida en el cafetal era aplicable a todos por igual sin importar

la procedencia del dueño. Lo interesante del relato está en la reconstrucción de época que realiza este autor, que le permite romper con el estudio en pequeño.

Como se puede apreciar hay una numerosa bibliografía referida a la parte oriental de Cuba, pero esta zona no ha sido agotada. Quedan fuentes sin explotar. Se ha iniciado un trabajo sobre Holguín y ya están localizados los documentos que evidencian la importancia de los franceses en esa región. Hasta ahora lo que se había trabajado era el legado cultural, específicamente la tumba francesa en el municipio de Sagua de Tánamo, pero en el archivo del Museo Histórico de la provincia, La Periquera, están registrados más de 950 documentos que de forma directa o indirecta se relacionan con los franceses.[90] Conociendo ya de la existencia de numerosas fuentes secundarias, la exploración documental en una nueva región podría aportar nuevos conocimientos. En todo caso que el historiador formule las preguntas que exige el problema histórico.[91]

El bicentenario   de la revolución francesa

Este acontecimiento celebrado en todo el mundo determinó en Cuba una producción muy diversa. Casi todas las revistas en ese año publicaron artículos relacionados con ese hecho y su impacto en el mundo. Algunas de ellas hicieron números monográficos.[92] Profesores de distintas e investigadores escribieron   durante ese año artículos en revistas especializadas. Entre otros, Julio Le Riverend, Aurelio Alonso, Lourdes de Con Campos, Josefina Castro, Leonor

Amaro, Estela Rivas publicaron en la *Revista Cubana de Ciencias Sociales, Universidad de La Habana, Islas* y *Revista de la Biblioteca Nacional José Martí*. Asimismo las instituciones   culturales vinculadas con la historia   de Francia[93] dieron a conocer los resultados de investigaciones, reseñas y   folletos que permitieron difundir este acontecimiento. Bajo el título *Repercusiones de la revolución francesa en España,* la Universidad Complutense de Madrid, en 1989, publicó escritos de colaboradores cubanos.

En ese contexto de festejos apareció la obra de la doctora en Filosofía Olivia Miranda *Ecos de la revolución francesa en Cuba,*[94] que no es un libro histórico en sí, sino un estudio de las influencias de las ideas revolucionarias francesas en los intelectuales y políticos cubanos del siglo XIX y XX. Su interés es demostrar en el plano de las ideas que Cuba como importante enclave colonial hispano, no fue ajena a la influencia que de Francia irradió. Dos años antes del bicentenario se había presentado una *Selección de lecturas sobre la revolución francesa,* que agrupaba evaluaciones de la revolución desde Cuba y aspectos concretos de su influencia en Cuba.[95]

El bicentenario propició además convenios entre universidades francesas y de Cuba, todo lo cual auspició investigaciones conjuntas. Especialistas del país galo también escribieron acerca de estos vínculos históricos. Tal es el caso de Paul Estrade con su obra *La colonia francesa en París. 1895- 1898*[96] y sus trabajos sobre José Martí y la revolución francesa.[97] En cuanto a las colaboraciones entre universidades, por parte de los profesores de la Universidad de Oriente se inició un trabajo en el cual el tema del asentamiento francés en la región oriental de Cuba fue el de mayor interés. De esta manera se continuaba la tradicional línea de investigación. Fernando Boytel Jambú, investigador de la Casa del Caribe publica "Franceses en la Sierra Maestra: algunos aspectos de la tenencia de la 98 cuyo interés fundamental es tierra", analizar las probabilidades de éxito que alcanzaron los cultivos a partir de los conocimientos que poseían estos pobladores.

En cuanto a la influencia en el mudo citadino, los trabajos llevados a cabo por Laura Cruz Ríos relacionados con la emigración bordelés a Santiago de Cuba ponen de manifiesto los numerosos oficios y profesiones surgidos a tenor del desarrollo económico. Así, una buena cantidad de médicos, odontólogos, farmacéuticos, arquitectos, biólogos, profesores, maestros, depotistas, sastres, panaderos, peluqueros, herreros, comerciantes, joyeros, zapateros, albañiles, carpinteros, entre otros, contribuirían al mejoramiento de algunos sectores como la salud, la educación y la ciencia.[99]

Las pesquisas en cuanto a la presencia francesa en la zona occidental no han tenido la misma intensidad. Los resultados son más generalizadores y los autores recién comienzan a presentar resultados evaluativos sin que ello signifique la defensa de alguna tesis que modifique las consideraciones formuladas hasta hoy día. De todas maneras, la historia regional ha sido rejuvenecida con nuevas obras a partir de la década del 80, como consecuencia de la estimulación de las historias provinciales y municipales y los espacios abiertos para trabajar de forma interdisciplinaria.

José Rafael Lauzán, miembro de la Comisión de Historia del Partido Comunista de Cuba, publica un inte- resante trabajo titulado "Franceses en la fundación y desarrollo de la vida del Ariguanabo", en el cual trata no solo el poblamiento por etapas y el poder de algunos hacendados como es el caso del Marqués de Monte Hermoso, sino también el ambiente de la ciudad don- de "[…] los inmigrantes establecieron escuelas con los métodos de enseñanza de los grandes colegios franceses donde, además de las primeras letras enseñaban geografía, idioma, música y baile".

La historia de los franceses en Matanzas la aborda el historiador de la ciudad, Raúl Ruiz por primera vez cuando publica en 1996 *Memoria francesa* en donde reconoce que "[…] sucesivas oleadas de inmigrantes vinieron a aportar mano de obra, reconocimiento y técnica. A consecuencia de la Revolución de Haití miles de franceses fueron arrojados a nuestras costas, bien directamente o mediante el puente que representó el sur de los Estados Unidos, especialmente Charleston". Esta inmigración dejará una huella importante en "Las zonas de Limonar, Aguacate, Ceiba Mocha, Camarioca y la hacienda Cárdenas acogieron los inmigrantes, con resto de su fortuna algunos, arruinados los otros, pero todos con oficios, con conocimientos técnicos y portadores de una experiencia laboral que venía como anillo al dedo".[101] Luego, publica en el 2003, *Retrato de ciudad* en el cual aparecen breves referencias a los franceses como parte de las distintas oleadas que "[...] constituyeron los grupos étnicos primordiales que confirman la población de la ciudad de Matanzas hasta las primeras décadas del siglo $_{XX}$.[102] La muerte súbita de este historiador dejó muchos trabajos relacionados con la presencia francesa sin publicar.

La contribución matancera al estudio de la influencia francesa cuenta también con otro buen ejemplo como es la obra de Israel Moliner Castañeda: "Contribución francesa a la cultura en Matanzas", publicada en la *Revista del Vigía* en 1993, así como "Las ideas políticas en Matanzas de José Manuel de Ximeno".

En cuanto al ordenamiento de la información, el trabajo más completo de los franceses en el occidente lo encontramos en el libro del historiador Rolando Álvarez *Huellas francesas en el Occidente de Cuba*.[104] Se trata de una revisión de los vínculos culturales cubano-franceses desde la época del contrabando hasta finales del siglo XIX, pasando por la revolución de 1789, la etapa más significativa que une de manera diferente la historia de Cuba y Francia. El autor registra los influjos culturales de la inmigración francesa en toda su variedad y toma en consideración los dos niveles que Jesús Guanche advierte en su obra *Procesos etnoculturales de Cuba:* "[...] los representantes de la cultura dominante, mediante una asimilación étnica criollo-hispano francesa", y por otra "[...] lo que corresponde a los explotados, mediante una integración inter-étnica franco-haitiana-africana".[105] Toda la explicación sigue una secuencia cronológica, que si bien facilita la comprensión de los distintos aportes culturales de los franceses, no le permite trascender el campo narrativo. La visión de los cubanos acerca de los franceses como expresión de la mentalidad de una época ha sido también de interés en el campo de la investigación. Concretamente, en cuanto a la etapa napoleónica. La tesis de Katia Figueredo[106] defendida en 1995 nos presenta también un estudio del tema, en esa ocasión con una seria revisión de las fuentes publicísticas en la etapa de la dominación napoleónica, resaltando entre otros periódicos *El Centinela de la Habana* (1812), *Diario del Gobierno de la Habana, Gaceta de La Habana* (1823-1825), *Galera Constitucional* (1820), *Ramillete de Cuba* (1812), *La Cena* (1812), *El Mensagero Político Económico-Literario de la Habana, El Hablador Político Económico de la Habana,* y *La Aurora. Correo Político Económico de la Havana.* En cada uno de estos se localizaron las expresiones de repudio a Napoleón, la defensa de las ideas del liberalismo en el período constitucional, así como los actos de fidelidad de los criollos al rey Fernando VII, pero también se registraron elementos importantes que evidencian el alcance de la influencia francesa en Cuba. Por ejemplo, a través de la prensa se aprecia la popularidad de la enseñanza e instrucción del idioma francés, la cual se convirtió en una moda de los habaneros, favorecida en parte por el gobierno que facilitó el estudio del idioma "[…] á fin de que los que deseen aprender con perfección y brevedad dicho idioma y sus ocupaciones no les permitan acudir á la sesión de la mañana lo verifiquen por la tarde […]".[107] Otra información publicística recurrente en los diarios citados es el aporte a la cultura culinaria. Los habaneros rápidamente incorporaron los gustos franceses por eso "[…] en una casa se tomarán dos negritos de 12 á 14 años para enseñar- los á cocinar, tanto á la española como á la francesa […]".

Por su parte, nuevos rumbos en la vida económica del país en la década del 90 determinaron nuevas posibilidades para la reconstrucción de todo lo francés en Cuba. Así, por el ejemplo, el desarrollo del turismo ha permitido un flujo importante de visitas de turistas de Francia a Cuba, llegando a ser esta región uno de los centros emisores más importantes en Europa. Todo ello ha propiciado estudios con fines más concretos, tanto de lugares de asentamiento de los franceses como de residentes en el país. Uno de los resultados de este trabajo es el video elaborado por el profesor de la Escuela de Altos Estudios del Turismo, Pedro Torres, uno de los especialistas más re- conocidos sobre el tema de turismo.[109] Este video reconstruye zonas de asentamiento francés con fines de marketing, pero a su vez ha dejado para la historia los testimonios de familias emigradas desde principios del siglo XIX. A pesar de que las entrevistas realizadas no son sometidas a ningún tipo de crítica, la información aportada sirve como verificación de aspectos contenidos en obras escritas con anterioridad. *Literatura histórica y actividades culturales en el del siglo XXI* La producción historiográfica en el nuevo siglo ha contado en su fase editorial con mecanismos de colaboración que involucran a las instituciones cubanas con organizaciones no gubernamentales e instituciones educacionales o culturales de distintos países, entre ellas de autonomías españolas que han publicado trabajos sobre la historia común de Cuba y España. De igual forma en Francia se han publicado libros con esta óptica o instituciones francesas han auspiciado ediciones más recientes sobre las relaciones entre Francia y Cuba. La Feria del Libro 2003 estuvo dedicada a ese país, y ello constituyó un estímulo para nuevas publicaciones.

La relación de Francia en el proceso independentista ha sido un tópico tratado por casi todos los historiadores estudiosos del movimiento emancipador. Comenzado el nuevo milenio, el biógrafo de Vicente García, Víctor Manuel Marrero, publicó "Tras la huella de un comunero de París",[110] donde registra el arribo a Camagüey de franceses, refugiados primeramente en España, y que al ser delatados fueron enviados a Cuba para hacer trabajos forzados en la isla.

Resultado de intercambios bilaterales, en el 2002 se editó un libro cuyo propósito era reconstruir sobre todo los vínculos culturales en Francia y Cuba en su más amplio sentido de la palabra.

Cuba-Francia. Los frutos de la amistad[111] no es en sí un libro de historia que con métodos científicos. Sin embargo, a través de entrevistas, comentarios y estados comparativos, se nos descubren figuras, hechos y procesos que enlazan la historia francesa con la cubana. Marie-Dominique Bertuccioli y Juan Andrés Neira Franco recorren en tiempo y espacio acercamientos muy diversos evidenciados ya en himnos revolucionarios, o en convenios mercantiles o culturales. Luego, aunque las referencias responden a las aclaraciones que requiere un lector extranjero y no a la precisión de las fuentes que exige la labor de un historiador, el texto saca a la luz datos no divulgados hasta ese momento. Sin llegar a presentar juicios de valor, ni apreciaciones que puedan ser extendidas a otras regiones en cuanto al estudio de las influencias culturales o económicas, la diversidad de los temas escogidos pone en uso informaciones difíciles de encontrar, lo cual contribuye indirectamente al trabajador dedicado a la historia tanto como docente que como investigador.

De fecha mucho más reciente es el libro *Los cafetales de la Sierra del Rosario* (1789-1850), de Jorge Freddy Ramírez Pérez y Fernando Antonio Paredes Pupo, en el cual se aborda la influencia económica del caficutores franceses en una región mucho menos estudiada. Lo más importante a destacar es, sin dudas, la ubicación de los grupos inmigrantes por género, raza y regiones pobladas. Se trata de procesar la información con un nuevo sentido para traspasar los propósitos descriptivos de la historiografía tradicional muy presente aún en los estudios regionales.

Asimismo, la presentación de los ejemplos de represión que sufrieron los grupos de franceses asentados tiene otro nivel de análisis. En este pequeño trabajo, los autores presentan la repulsa de los franceses no solo motivada por los enfrentamientos políticos de la época que, sin dudas, fue un resorte poderoso para la simple población fanatizada a principios del siglo XIX, sino también debido a las aspiraciones de muchos propietarios a ampliarse a costa de las propiedades de los franceses expulsados. Y en ese sentido tienen mucho valor las informaciones recogidas en archivo sobre hechos que evidencian la violencia de "[…] la muchedumbre enardecida [que] marchó hacia los cafetales de la Sierra del Rosario a satisfacer su sed de venganza".

Por otra parte, se plantean nuevos tiempos para el análisis histórico. Se afirma que "[…] un registro estadístico del 30 de noviembre de 1818, que puede servir de ejemplo, reportaba el arribo, a través de los puertos de La Habana y Matanzas, de un grupo de franceses procedentes de ordena un conocimiento o construye uno nuevo a partir de la búsqueda

Francia, al Departamento Occidental, de los cuales el 46% eran agricultores, lo que denota el carácter y composición de esta inmigración".[113] Evidentemente, la etapa post napoleónica puede representar un cambio en la caracterización de la emigración francesa. Por último, este estudio de los cafetales en la zona occidental puede lograr resultados que permitan hacer comparaciones interregionales, que de alguna manera habían sido indicadas ya por Juan Pérez de la Riva.

Celebraciones de diversa índole se han desarrollado en distintas instituciones culturales. Con un interés transdisciplinario, se han desarrollado coloquios y encuentros internacionales entre especialistas para deliberar, enriquecer y plantearse nuevos problemas teóricos y metodológicos en el campo de las ciencias sociales, donde la historia siempre ha tenido un espacio relevante.

Muchos de esos eventos han incluido la temática de la relación de la historia de Cuba y Francia, auspiciados por instituciones que tienen como misión divulgar esta relación como es el caso de la Cátedra Voltaire, de la Casa de Altos Estudios Don Fernando Ortiz, de la Universidad de La Habana, la Casa Víctor Hugo y el Museo Napoleónico de las Oficinas del Centro Histórico de la Ciudad de La Habana.[114]

En el 2004 se conmemoró en Francia los 200 años del imperio napoleónico. Esta festividad tiene una lógica, en tanto ella significa la legitimación de un proceso de dominación que hunde sus raíces en los acontecimientos de la burguesía revolucionaria de 1789. Con el poder de Napoleón comenzaba lo que muchos historiadores denominaron la época napoleónica y en ella se inscriben también acontecimientos muy importantes para América. Por ello, en vísperas del gran evento que se llevaría a cabo en Francia se organiza- ron en Cuba encuentros académicos, y se comentó la complejidad de ese momento histórico a través de charlas y conferencias. Estas actividades se iniciaron en el Aula Iberoamericana en el 2003[115] y se continuaron luego en el Museo Napoleónico y en la Casa Víctor Hugo.

El Museo Napoleónico,[116]fundado en 1961, ha sido durante más de 40 años, el centro donde se ha concentrado la mayor parte de las actividades que evidencian la relación entre Francia y Cuba. Seminarios, coloquios y conferencias han permitido presentar temas referidos al arte y a la historia. En noviembre del 2004, a los 200 años de la coronación de Napoleón Bonaparte, se discutió la repercusión en el pueblo habanero de la invasión francesa a España y el inicio de la llamada Guerra de Independencia. "Ecos de un conflicto: Napoleón en España desde la prensa habanera", fue el tema analizado por Leonor Amaro y Katia Figueredo.

Con un amplio carácter cultural se han desenvuelto en el Centro Hispano- Cubano de la Cultura tres versiones del Coloquio de la Francofonía, auspicia- das por la Casa de Altos Estudios Don Fernando Ortiz, Alianza Francesa, Casa de las Américas, Casa Víctor Hugo, Escuela Francesa y el Museo Napoleónico, entre otros. En el efectuado en el 2006, los integrantes de esta área cultural, 63 estados y gobiernos, pueblos de Europa, América, las Antillas, África y Asia festejaron el espacio y la cultura francófonos, como "espacio de paz y desarrollo". Lo más importante de estos encuentros son las memorias que recogen las reflexiones teóricas, históricas y filológicas, que de alguna manera contribuyen a la bibliografía del tema objeto de interés de este trabajo.

Al conmemorarse el 200 aniversario del desembarco del liberador en Venezuela, en el año 2006 se celebró el encuentro académico internacional "De las Lumieres francesas a los Soles de Bolívar. Las modernidades en Puga", dedicado a Francisco de Miranda, el iniciador de la independencia latinoamericana.

El punto de referencia para este encuentro fue la influencia del pensamiento de la ilustración europea en diversas partes del mundo, y en particular en el latinoamericano, con proyectos de transformaciones económica, social, política y cultural de un amplio espectro.

Propósito de esta actividad fue una nueva lectura de la ilustración francesa y su influencia en América, no como simple copia de las ideas europeas en el nuevo mundo, sino como punto de referencia de la emancipación universal desplegada en el espacio propio de las sociedades americanas. Ciencias, proyectos sociales y educativos fueron muchos de los aspectos confrontados, como ejemplo de las interrelaciones entre las propuestas originales y el surgimiento de la nueva sociedad y del nuevo pensamiento latinoamericano.[117]

En definitiva, como el tema de los franceses y su influencia en Cuba sigue siendo objeto de interés se ha iniciado recientemente un trabajo de investigación acerca de la introducción de la perfumería francesa[118] en el consumo cubano, que ha permitido conocer nuevas fuentes, en este caso relacionadas con el gusto y las costumbres de las clases adineradas en Cuba y con los mecanismos de comercialización de ese producto por empresas relevantes de la isla.

Otro dato que debe tenerse en cuenta es que parejo al desarrollo de instituciones dedicadas a las humanidades y a las ciencias de la naturaleza, y muchas veces desprendidas de esos establecimientos, la proliferación de revistas ha permitido extender el conocimiento de temas más específicos y menos tratados por la bibliografía tradicional.

Asimismo han visto la luz trabajos con nuevas ópticas desde el punto de vista sociológico y disciplinario.

Acerca del tema de Cuba y Francia o Francia y Cuba no podemos dejar de mencionar lo que han acumulado las revistas y periódicos sobre ello. En realidad, muchas de las revistas cubanas durante el siglo XIX y parte del XX reprodujeron trabajos de periodistas, poetas y ensayistas franceses,[119] y en menor medida, estudios realizados por especialistas cubanos sobre tópicos franceses.

La revista *Anales del Caribe* del Centro de Estudios del Caribe, que edita la Casa de las Américas desde 1981, ha publicado trabajo de historiadores y especialistas de la cultura sobre distintos aspectos que evidencian la influencia francesa en esta región y en particular en Cuba.[120] Tal vez lo más interesante de estas publicaciones es que tanto los trabajos históricos como lingüísticos o literarios confrontan sin parar las diversas temporalidades de los elementos poblacionales como la presencia francesa en Cuba.

También *Del Caribe,* publicada en Santiago de Cuba desde 1983 ha tratado de recoger las expresiones de la cultura caribeña en su "[…] misión articuladora, creadora y convocadora, en la dinámica de la historia universal".[121] Y en ese sentido, la historia de la relación del Santo Domingo francés y Cuba ha tenido un magnífico espacio para poner en conocimiento de los lectores investigaciones sobre la economía, la política, la cultura y las tradiciones de todo tipo, resultado del vínculo de estas dos regiones del Caribe. Sus publicaciones contribuyeron también a completar la información requerida. Desde su fundación aparecieron trabajos con nuevas tesis sobre la importancia cafetalera en la región. Para Joel James Figarola, "[…] hacia el oriente del país –las actuales provincias de Santiago, Guantánamo y parte de Holguín– el crecimiento capitalista –en este caso sí de predominio cafetalero– será mucho más lento y, hasta cierto punto, pudiera decirse que más amable".

Dicha revista además ha sido receptora de trabajos de especialistas dedicados al Caribe. En ese sentido, aunque no se trata de obras cubanas,   el hecho de que apareciesen trabajos resultados de investigaciones sobre los franceses en Cuba tiene un significado relevante. Tal es el caso de Alian Yacou con varios artículos entre otros, "Los refugiados franceses de Saint Domingue en la región occidental de la Isla de Cuba", "Expulsión de los franceses de la Isla de Cuba", y "Santiago de Cuba a la hora de la revolución de Santo Domingo (1790-1804)", los cuales marcan tanto un interés editorial como la determinación de una línea de indagación que ha influido dentro de la producción cubana.
En el último artículo citado se manifiestan los métodos novedosos de su trabajo, que de alguna forma, han influido en posteriores textos. Establece un vínculo entre el boom demográfico de Santiago de Cuba y los cambios socio-económicos a partir de un análisis estadístico de la población francesa, lo cual le permite afirmar que "[…] la piratería propiciada por los franceses, creaba empleo y proveía de mercancía a buen costo".[123] Para este autor es interesante distinguir la composición clasista de las distintas oleadas. En sus artículos subraya el hecho de que esta afluencia de franceses, si bien era positiva para la economía de la isla a través de la inversión de capitales y la preparación técnica que aportaban los nuevos colonos, sus incidencias no

fueron iguales en el plano social. Así, "[…] el primer grupo de refugiados estaba compuesto en su mayoría por realistas, quienes constituyeron, aun- que de forma efímera, el ala insular hispanófila de la emigración de honor. Muy pronto sin embargo, el elemento republicano, igualmente perseguido en Santo Domingo –convertida en Haití– domina y su influencia en la ciudad será perdurable".

Han aparecido en esta revista los resultados de numerosos investigadores de Santiago de Cuba, entre otros el "Primer gran flujo migratorio de franceses a Santiago de Cuba (1800-1809)"[125] de Laura Cruz Ríos, autora también de otros muchos trabajos que forman parte del libro que prepara esta especia- lista en forma conjunta con estudiosos de Francia, colaboración que de forma concreta se viene realizando con la Universidad de Burdeos III.[126] Convenios de colaboración entre esta universidad francesa y la Universidad de Oriente han permitido originar otras líneas de investigación que han desarrollado con éxito los profesores e investigadores de distintas instituciones del país.
Por otra parte, el Festival del Caribe como actividad en torno al espacio caribeño en el orden cultural, ha permitido, desde 1981 –cuando fue inaugurado el encuentro de creadores y especialistas de distintos campos– trabajar en la re- construcción histórica y en propiciar un escenario teórico para debatir acerca de los componentes étnicos. Así, al tomar los elementos que han dado unidad al Caribe y, en particular la presencia de franceses a partir de la revolución de 1789 y la revolución de Haití en 1803, se han podido recopilar trabajos de re- flexión sobre los acontecimientos que marcaron las relaciones de una época y que su legado los ha hecho trascender al mundo de la contemporaneidad.

Más recientemente, los trabajos de corte etnológico y antropológico han sido publicados por *Catauro* y también por la revista *Casa de las Américas,* aunque esta última no se especializa en ese tema. A todos estos registros habría que añadirle otros que brindan los nuevos sistemas de información digitalizada. Relacionado con las plantaciones de franceses en Cuba en 1843 aparece en formato pdf (Portable Document Format) la transcripción de una lista de dueños de plantaciones residentes en Cuba en esa época.

Consideraciones finales

Marx Bloch, en una conferencia pronunciada en 1936, aseguró que "[…] la Historia es la ciencia de un cambio y, en muchos aspectos, una ciencia de las diferencias".

Por ello a través de labor de los historiadores podemos observar el cambio que se va produciendo en el propio oficio. De igual forma aparecen los contrastes y desacuerdos en torno a las realidades que el hombre trata de explicar.

La descripción y el análisis ofrecido por los historiadores acerca de un tema tan particular como es la relación entre Francia y Cuba a través de los años, puede ser también un hilo conductor para determinar los intereses en el campo de los estudios históricos. En general pudiéramos señalar que:

.De los acontecimientos de la época colonial, la evaluación de lo sucedido en Francia en 1789 y su impacto en la colonia francesa del Caribe ha sido el más tratado por la historiografía cubana. Primeramente solo como referencia, luego derivando de ello diferentes consideraciones en torno al desarrollo cubano. El inicio de la modernidad en Cuba, en tanto impulso del capitalismo como consecuencia de la revolución haitiana, hasta la determinación causal de las posiciones políticas antiinde- pendentistas han sido algunos de los argumentos de los historiadores sobre esta problemática.

· Los franceses como componente étnico relevante para Cuba refleja en primer lugar el nuevo enfoque de las investigaciones. Si bien la variable poblacional tiene una tradición en los estudios históricos, no es hasta la década del 70 que estos fueron impulsados como parte de la renovación historiográfica. Asimismo, con una declaración de fe marxista, la adopción de conceptos generalizadores estigmatizaron este tipo de estudios.

· La ocupación del espacio productivo del país como fenómeno social de Cuba tiene gran importancia en los estudios regionales más recientes, y en este sentido las características del trabajo desarrollado por las familias francesas instaladas en la isla pueden servir de variable para el estudio y comparación del desarrollo de las diferentes regiones de Cuba. Este tipo de estudio comparado permite además adoptar un horizonte mayor para comprobar las hipótesis.

· El movimiento migratorio de los franceses presenta un interés espacial no solo por lo que estos grupos humano aportaron en cuanto a cultura material y espiritual. También en este movimiento, junto a otros procedentes de otras regiones del mundo, se evidencia el carácter abierto que tuvo la sociedad cubana en su propia construcción, uno de los factores que ha de tomarse en cuenta para aseverar si se presenta en Cuba una realidad histórica favorable a la modernidad.

· En un balance apresurado de la bibliografía del tema en cuestión, la inmigración es el más trabajado. Y ella ha ido encontrando respuesta básicamente en el espacio rural, en tanto las investigaciones se han centrado en las áreas agrícolas productoras de café. El espacio de las ciudades sigue siendo menos explorado, al igual que el estudio de familias.

· Un análisis de la influencia francesa, teniendo como fondo el mundo caribeño en un proceso histórico de larga duración, podría también servir en la estructuración de un gran tema de investigación que posibilitara intereses conjuntos, así como un intercambio fecundo de diferentes disciplinas en el campo de las ciencias sociales. En realidad, este campo ha sido explotado por otras ramas del saber humanístico como la lingüística y la literatura.

· Casi todos los historiadores consultados, de una forma u otra, abordan el universo mental de los franceses, bien en el intercambio en los lugares de asentamiento o en la influencia de su pensamiento filosófico o política, pero un estudio específico no se ha hecho, pues la complejidad es grande en este conjunto a reconstruir, ya que el movimiento es de acción y reacción.

· El estudio de la presencia de los franceses no puede separarse de la universalidad del mercado, no visto de manera abstracta, sino como realidad cotidiana, popular, universal, que per- mita hacer referencia a un tiempo largo en el sentido histórico. Este estudio re- quiere por su naturaleza de un análisis multidisciplinar.

· Las nuevas relaciones internacionales promovidas por el turismo han despertado el interés por investigar los vínculos entre los diferentes grupos de emigrantes. Ello es sin dudas la con- secuencia de los estudios de mercado sobre una base científica, pero también ha promovido resultados superficiales que poco aportan a la historiografía.

En fin, la presencia francesa como factor de cambio ha registrado a través de la historia consecuencias bien diferentes, porque "[...] si los factores se han modificado, las posibilidades también".[128]

Notas

[1]Vilar, Pierre. *Iniciación al vocabulario del análisis histórico,* Editorial Grijalbo, Barcelona, 1988, p. 32.

[2]Ponte Domínguez, Francisco. "Francia y la historia política de Cuba (siglo XVI)", *Universidad de La Habana,* Año 11, No. 8/9, mar.-jun. 1935, p. 130. [3]Gómez Pellejero, José Vicente. "La carrera política y militar del VIII conde de Ricla.

1720- 1780", *Debates Americanos,* La Habana, No. 9, en.-jun. 2000, p. 61-77.

4Ver obras de José de la Pezuela.

5Documento emitido por don Domingo Caballero de Robles, Gobernador y Capitán interino de la Superintendencia General de Correos, Postas y Estafetas. Archivo Nacional de Cuba (ANC), Fondo Asuntos Políticos, Legajo 297, No. 10. 6Al respecto hay diversas consideraciones.

6Gay-Calvó, Enrique. *Los símbolos de la nación cubana,* Publicaciones de la Sociedad Colombista Panamericana, La Habana, 1958. [7]María Plumier. *7Apuntes sobre la vida cotidiana en Cuba en 1898,* Editorial de Ciencias Sociales, La Habana, 1975, p. 20.

8Bremen, Fredrika. *Cartas desde Cuba,* Editorial Arte y Literatura, Ciudad de La Habana, 1980.

9Pérez de la Riva, Juan. *La Isla de Cuba en el siglo $_{XIX}$ vista por los extranjeros,* Editorial de Ciencias Sociales, 1981.

10Ver: Estrade, Paul. *La colonia cubana en París. 1895-1898,* Editorial de Ciencias Sociales, 1984.

"José Martí y la Revolución Francesa", *Universidad de La Habana,* No. 237, en.-abr. 1990.

11Refiriéndose a los escritores franceses dirá: "Tiene todos los candores de la Gironda, sin ninguna de las crueldades de la Montaña". Martí, José. *Obras completas,* Editorial Nacional de Cuba, La Habana, 1963, t. 15, p. 192.

12Martí en 1881 trabaja en Venezuela como profesor de Gramática francesa y literatura. 13Martí, J. *Op. cit.* (11). t. 15, p. 189

14El Apóstol estudia el francés y lo llega a dominar a la perfección. Esto le permitió en 1875, en la *Revista Universal* de México, traducir al español *Mes fils,* de Víctor Hugo; en 1877 ocupar el cargo de catedrático de Literatura Francesa en la Facultad de Filosofía y Letras de la Universidad de

Guatemala, y en 1881 que pueda trabajar como profesor de Gramática francesa y de Literatura en el colegio Santa María.

Hidalgo Paz, Ibrahim. "La revolución por el bien mayor del hombre". En *Homenaje a José Martí. En el Centenario de su muerte en combate,* Escuela de Historia Universidad Michoacana, Morelia, 1997.

[15]Alejandro García explica por qué la cuestión del ser nacional ocuparía el centro del problema cubano en las primeras décadas del siglo xx.

"Apuntes cubanos sobre la historia y sus métodos", *Contracorrientes,* La Habana, Año 2, No. 5, jul.-sept. 1996, p.6-13.

[16]Guanche Pérez, Jesús. "Aspectos etnodemográficos de la nación cubana: problemas y fuentes de estudio". *Debates Americanos,* La Habana, No. 3, en.-jun. 1997, p. 11-22, 13.

[17]Pinos Santos, Oscar. ¿Por qué muchos cubanos están abandonando a su patria? En *Los años 50,* Instituto Cubano del Libro, La Habana, 2001, p. 118-123, 18.

[18]Para este autor el primer salto estuvo asociado a la llegada de los ingleses a La Habana y el tercero a la llegada de los americanos finalizando la guerra de independencia.

[19]Nancy Morejón al referirse a la historia del Caribe señala que "es una historia de migraciones".

"Lengua, cultura y transculturación en el Caribe: unidad y diversidad", *Temas,* No. 6, abr.-jun., 1996, p. 4-7.

[20]Quesada y Aróstegui, Gonzalo de. *Emigraciones. Francia, Portugal, Suiza,* Imprenta Avisador Comercial, La Habana, 1909, p. 15.

[21]La Habana recibe 642 franceses; Matanzas, 133; Pinar del Río, 81; Camagüey, 30, y Santa Clara, 148.

[22]Ibídem, p. 16.

23Guerra, Ramiro. "Crónicas de Santiago de Cuba por Emilio Bacardí y Moreau", *Cuba Pedagógica,* La Habana, No. 7, 19 febr. 1909, p. 15-16.

24Bacardí Moreau, Emilio. *Crónicas de Santiago de Cuba,* Breogán I. G. S. A., Madrid, 1973, t. 2, p. 7.

25Según Bacardí, "[...] los franceses habituados á las comodidades de la vida, instruidos, sociales y cultos, notaron que aquí no había ciertas condiciones de vida y diéronse a crearlo todo". Ibídem, p. 22.

26Bacardí y Moreau, Emilio. *Vía crucis,* El Cubano Libre, Santiago de Cuba, 1910 p. 45-49

27Callejas, José María. *Historia de Santiago de Cuba,* Imprenta Universal, La Habana, 1911, p. 67.

28Zanetti Lecuona, Oscar. "Trayectoria de la historiografía cubana en el siglo $_{XX}$", *Debates Americanos,* La Habana, No. 10, jul.-dic. 2000, p. 5-24.

29Almodóvar, Carmen. *Antología crítica de la historiografía cubana,* Pueblo y Educación, La Habana, 1986, p. 205.

30Ibídem, p. 206.

31Colección Histórica Cubana y Americana, La Habana, 1938.

Ver *Cuadernos de Historia Habanera,* No. 12, 1937.

Bajo el título de "Curso de Introducción a la Historia de Cuba", las conferencias se publicaron en la serie Cuadernos de Historia Habanera, en 1937.

32Zanetti Lecuona, O. "Isla en la Historia". *Op. cit.* (28). p. 22.

33Tal vez lo más interesante sería la obra *Ensayo histórico de Pinar de Río* publicada en 1919, pues es una región con presencia francesa, pero la obra no desarrolla ese tópico. También son interesantes sus apuntes sobre el café, cultivo desarrollado luego por franceses. Santovenia apunta que "[...] a poco de comenzar el último tercio del siglo $_{XVIII}$ en

1768, fue introducido el café en Cuba, traído de Puerto Rico por el funcionario y agricultor José Antonio Gelabert. En su finca, enclavada en Wajay, hizo las primeras plantaciones, extendiéndolas luego a otros lugares".

Un día como hoy. 366 fechas en la Historia de Cuba, Editorial Trópico, La Habana, 1946, p. 170-171.

[34]*Sociedad Geográfica de Cuba. Revista,* La Habana, en.-mar. 1932.

[35]Gerardo Castellanos García dice que los cafetales de la región oriental contaban con más de 1 700 peones y no menos de un millón de matas de café.

Panorama histórico. Ensayo de cronología cubana 1492-1933, Ucar García y Cía, La Habana, 1934, p. 265.

[36]Zanetti Lecuona, O. *Op. cit.* (28).

[37]*Universidad de La Habana,* Año 11, No. 8-9, mar.-jun. 1935.

[38]Ponte Domínguez, Francisco. *La Junta de la Habana en 1808,* Editorial Guerrero, La Habana, 1947.

[39]Ibídem, p. 114.

[40]________. *La huella francesa en la historia política de Cuba,* Academia de la Historia de Cuba, La Habana, 1948.

[41]Ibídem, p. 7.

[42]Ponte Domínguez escribirá sobre diversos temas, entre ellos la masonería en Cuba y las luchas por la independencia. En 1944 publica su *Historia de la Guerra de los Diez Años.*

[43]Ponte Domínguez, F. *Op. cit.* (40). p. 14. [44]Ibídem, p. 49.

[45]Ibídem, p. 52

[46]"Diálogos, necesidad de la Historia.

Conversación entre historiadores", *Debates Americanos,* La Habana, No. 1, en.-jun. 1995, p. 86-93.

[47]Editado en México, 1943.

[48]Ibídem, p. 29.

[49]En 1791 se vendían entre 180 y 250 pesos, según apunta Le Riverend, página 49.

[50]Marrero, Leví. *Cuba economía y sociedad,* Industrias Gráficas Parejos, Madrid, 1983, t. 11. [51]Ibídem, p. 19.

[52]Vilar, Pierre. "Recuerdos y reflexiones sobre el oficio de un historiador". En *Pensar la historia,* Instituto Mora, México, 1992, p. 112.

[53]Franco, José Luciano. "La conspiración de Morales". En *Ensayos históricos,* Editorial de Ciencias Sociales, La Habana, 1974, p. 95-100.

[54]"La conspiración de Aponte 1812". Ibídem, p. 127-190.

[55]En 1981 aparecerá otro trabajo que enfoca la problemática en el contexto internacional, titulado "La batalla por el Caribe. *Anales del Caribe,*La Habana, 1981, p. 19-38.

[56]*Revista de al Biblioteca Nacional José Martí,* La Habana, No. 2, abr.-jun. 1952, p. 68-92.

[57]*Revista Bimestre Cubano,* La Habana, en.- jun. 1947.

[58]Zanetti Lecuona, O. *Op. cit.* (28). p. 56.

[59]Loyola, Oscar. "Reflexiones sobre la escritura de la historia en la Cuba actual", *Temas,* La Habana, No. 6, abr.-jun. 1996, p. 94-100.

[60]Pérez de la Riva, Juan. *El barracón y otros ensayos,* Editorial de Ciencias Sociales, La Habana, 1975, p. 361-433. [61]Juan Pérez de la Riva, quien tuvo una formación francesa, fue geógrafo, economista, historiador y profesor.

[62]Pérez de la Riva, J. "La implantación francesa en la cuenca superior del Cauto". *Op. cit.* (60). p. 361-433.

[63]Publicado por la Academia de Ciencias en 1968.

[64]Abogado de profesión, llega a ocupar el cargo de tesorero de la Asociación Nacional de Caficultores de La Habana y cuenta con numerosas obras, entre ellas *Bibliografía cafetalera cubana, El café, Nuestro café, Variedades del café* y *El bohío, la quinta, el barracón y la casa de vivienda.*

[65]Pérez de la Riva, J. *El café. Historia de su cultivo y explotación en Cuba,* s.n., La Habana, 1944.

[66]Ver el trabajo de Jambú en *Revista de la Junta Nacional de Arqueología y Etnología,* La Habana, 1961, y el de Aparicio en el periódico *Juventud Rebelde* del 10 de febrero de 1969.

[67]Chaín, Carlos. *Formación de la nación cubana,* Cuba 2968, La Habana, p. 56-57.

[68]Ídem.

[69]Aguirre Rojas, Carlos Antonio. *La escuela de los Annales. Ayer, hoy, mañana,* Universidad Juárez Autónoma de Tabasco, México 2002.

[70]Venegas Delgado, Hernán. *Provincias, regiones y localidades,* Fondo Editorial Tropykos, Caracas, 1993, p. 45.

[71]Sirva de ejemplo la amplia obra de Jesús Guanche Pérez, aunque su trabajo ha centrado su interés en el componente hispano.

[72]González, Luis, Marisel Sansó y Nelsa Coronado. "La reforma universitaria y su proyección en la Universidad de Oriente", *Debates Americanos,* La Habana, No. 22, en.- dic. 2001, p. 107-113.

[73]Portuondo, Olga. "Un colibrí batió sus alas en el Parnaso", *Del Caribe,* Santiago de Cuba, No. 30, 1999, p. 61

[74]________. Ibídem, No. 45, 2004, p. 90-204.

[75]Duharte, Rafael. *La huella francesa en Santiago de Cuba,* Editions L Harmattan, París, 1988, p. 39.

[76]Bloch, Marc. *Introducción a la Historia,* Fondo de Cultura Económica, México, 1923, p. 25.

[77]Según Laura Cruz Ríos, en su trabajo La impronta bordelés en el Santiago colonial, fue una Real Orden española para fomentar la población blanca en la región oriental específicamente, así como para elevar el nivel técnico y profesional citadino. [78]Katia Figueredo en su tesis cita los trabajos de Laura Cruz Ríos, que aún no estaban publicados y señala que "[…] embarcaciones como el bergantín *Le Bon Ami,* la goleta *Paquet 1* en 1820 traían entre sus cargamentos: aceites, frutas, vinos, salchichas, champiñones bordeleses, entre otras mercancías; fragatas como *Fenij* transportaban desde el puerto santiaguero azúcar y sus derivados para Burdeos en 1822 y goletas como la *Penélope,* en 1823, proveían a la jurisdicción de Cuba de los mejores vinos, champán y coñac de Burdeos".

[79]Alén, Olavo. *La música de las sociedades de tumba francesa,* Ediciones Casa de las Américas, La Habana, 1986, p. 43.

[80]______. "Las sociedades de tumba francesa en Cuba", *Anales del Caribe,* No. 1, 1981, p. 223-230.

[81]Castro Lores, José Ignacio. *Baracoa, apuntes para su historia,* Editorial Arte y Literatura, La Habana, 1977, p. 48.

[82]*Santiago,* 1977, p. 26-27.

[83]Carlos Padrón, nacido en Santiago de Cuba en 1947, es actor, director, dramaturgo y ensayista. Ha trabajado para el teatro, el cine, la radio y la televisión. En 1975 fundó el Cabildo Teatral Santiago y en 1986 Calibán Teatro. Ha escrito ensayos sobre el teatro y la cultura cubanos en revistas mexicanas, colombianas y cubanas. También ha publicado teatro en revistas y antologías.

84Padrón, Carlos. "Índice de los franceses en el suroriente de Cuba", *Del Caribe,* Santiago de Cuba, No. 23, 1994.

85________. *Franceses en el suroriente de Cuba,* Ediciones Unión, La Habana, 1997, p. 20.

86Ibídem. 87Ibídem, p. 37 88Ídem.

89Ibídem, p. 46-48.

90Archivo Nacional de Cuba. AP, LEGAJOS 142, 545; S45.

91Le Riverend, Julio. *Observaciones en torno a la investigación histórica,* Comisión Nacional de Historia de la UJC, La Habana, 1969.

92*Universidad de La Habana,* No. 237, en.- abr. 1990.

93El Museo Napoleónico hizo una exposición en homenaje al bicentenario. El catálogo ofrece una mirada a este proceso, La Habana, 1989.

94Publicada por la Editora Política, La Habana, 1989.95Ver análisis historiográficos en Amaro Cano, Leonor. *Selección de lecturas sobre la revolución francesa,* Universidad de La Habana, 1987. 96Editorial de Ciencias Sociales, La Habana, 1984. 97Estrade, Paul. "José Martí y la Revolución Francesa", *Anales del Caribe,* La Habana, No. 11, 1991, p. 75-86.

98*Del Caribe,* Santiago de Cuba, Año 3, No. 7, p. 59-63.

99Aparecen en esta etapa las primeras casas de salud. Procedentes de Burdeos llegaron Lassus, Chauvin, Delboy, María Luisa Dinet, entre otros franceses destacados, los que introdujeron el sistema de casas de huéspedes, hoteles, posadas y alquileres de casas, como respuesta al desarrollo urbano que iba alcanzando Santiago de Cuba.

[100]*Del Caribe,* Santiago de Cuba, No. 11, 1988, p. 63.

[101]Ruiz, Raúl. *Memoria francesa,* Ediciones Vigía, Matanzas, 1996, p. 14.

[102]Para este autor, canarios, africanos, catalanes y franceses son los grupos principales de las raíces de la ciudad de Matanzas. _________. *Retrato de ciudad,* Ediciones Unión, La Habana 2003, p. 29.

[103]Original mecanografiado en el Fondo Ximeno, del Museo de la Ciudad de La Habana.

[104]Álvarez Estévez, Rolando. *Huellas francesas en el occidente de Cuba (siglos XVI-XX),* Editorial Boloña, La Habana, 2001. Este autor ha publicado otros muchos libros sobre distintas temáticas de la historia de Cuba. En relación con la emigración están *La emigración cubana en Estados Unidos, 1868- 1878* y *Azúcar e inmigración 1900-1940.*

[105]Guanche, Jesús. *Procesos etnoculturales de Cuba,* Editorial Letras Cubanas, La Habana, 1983, p. 279.

[106]Figueredo Cabrera, Katia. Tesis de Diploma, Universidad de La Habana, 1995.

[107]*Diario del Gobierno de la Habana,* 3 abr. 1820, p. 4.

[108]Ibídem, 1 jun. 1823, p. 4. [109]El video se titula *La presencia francesa en Cuba* (1989).

[110]*Del Caribe,* Santiago de Cuba, No. 32, 2000.

[111]Bertuccioli, Marie-Dominique y Juan Andrés Neira Franco. *Cuba-Francia. Los frutos de la amistad,* Editorial de Ciencias Sociales, La Habana, 2002.

[112]Ramírez, Jorge y Fernando Paredes. *Los cafetales de la Sierra del Rosario (1790-1850),* Ediciones Unión, La Habana, 2005, p. 37.

[113]Ibídem, p. 26.

[114]Las dos primeras instituciones pertenecen a la

Universidad de La Habana y están dirigidas por el doctor Eduardo Torres Cuevas, y las últimas   pertenecen a la Oficina del Historiador, dirigida por el doctor Eusebio Leal.

[115]De estas actividades se publicó la conferencia de Leonor Amaro Cano "Los franceses en Cuba durante la ocupación napoleónica en España" en *Anuario del Aula Iberoamericana,* La Habana, 2003.

[116]Pérez, Gema y Natalia Lavastida. *Museo Napoleónico,* Editorial Letras Cubanas, La Habana, 1986.

[117]María del Carmen Amaro Cano presentó en ese evento una ponencia titulada "Huellas de la medicina francesa en la medicina cubana del siglo XIX" en donde precisa los médicos franceses que ejercían la medicina en Cuba en esos tiempos; los cubanos que estudiaron medicina en Francia; los médicos, odontólogos y farmacéuticos cubanos que marcharon a Francia a especializarse; la divulgación de las teorías y prácticas de la medicina francesa en las publicaciones cubanas; cómo se asimilaba la filosofía y la práctica de la medicina francesa, y, por último, la divulgación de la actividad científica médica cubana en la prensa especializada francesa.

[118]Este trabajo permitirá a la licenciada Careni Lorenzo, la obtención del grado de maestría   en Estudios multidisciplinarios en Historia de América Latina y el Caribe.

[119]La *Revista Bimestre Cubano* tiene numerosas referencias.

119Ver García-Carranza, Araceli. *Índice analítico de la Revista Bimestre Cubano,* Departamento Colección Cubana, Biblioteca Nacional José Martí, La Habana, 1968.

[120]Trabajos de José Luciano Franco, Julio Le Riverend y Paul Estrade, entre otros.

121Lacayo, Francisco José. "El Caribe no une y Santiago de Cuba nos une al Caribe; Palabras de clausura del coloquio

El Caribe que nos une", XXIV Festival del Caribe, Santiago de Cuba, 7 de julio de 2004.

[122]Figarola, Joel James. "Fundamentos sociológicos de las revoluciones cubanas 1800- 168", *Del Caribe,* Santiago de Cuba, No. 30, 1999, p. 3-13.

[123]*Del Caribe,* No. 26, 1997, p. 77.

[124]Yacou, Alain. "Santiago de Cuba a la hora de la revolución de Santo Domingo (1790-1804)", *Del Caribe,* No. 26, p. 79.

[125]Revista *Del Caribe.*

[126]Entre otros, "La impronta bordelés en el Santiago de Cuba colonial"; "Relación ambigua entre la comunidad de hispano-cubanos y franco- haitianos en el Caribe, como consecuencia de la Revolución de Haití"; "La inmigración franco- haitiana al sudoriente cubano y su contribución a la identidad regional" y "Francia. El suroeste francés y su contribución a la modernización de la sociedad santiaguera en la primera mitad del siglo XIX".

[127]Bloch, Marc. "¿Qué pedirle a la Historia?". En *Apología de la historia o el oficio de historiador,* Fondo Editorial Lola de Fuenmayor, Venezuela, 1986, p. 193.

[128]idem